Wichtige Entscheidungen im Sorgerecht

Essener Schriftenreihe zum Kindschaftsrecht

Impressum

© Copyright 2019-2024 Michael Langhans, Essen

Alle Rechte der Veröffentlichung und Verbreitung, per Druck oder Digital, der Vermarktung per Social Media und Video, liegen beim Verlag.
Die Rechte am Text liegen beim jeweiligen Autor.

4. Auflage 2024 /

Autor und Rechteinhaber der Texte:
Michael Langhans, Franziskanerstr. 8, 45139 Essen

ISBN 9798332573231

Das Werk einschließlich von Teilen ist urheberrechtlich geschützt. Jede Verwertung ist ohne die Zustimmung des Verlages und des Autors unzulässig. Dies gilt insbesondere für die elektronische oder sonstige Vervielfältigung, Übersetzung, Verbreitung und öffentliche Zugänglichmachung.

"Man kann die Menschen nur richtig verstehen, wenn man sie liebt."

Rosa Luxemburg

EINLEITUNG ZUR 4., KOMPLETT NEU BEARBEITETEN AUFLAGE

Lange ist es her, dass die erste Ausgabe dieses Werkes erschien. Damals noch ein einzelnes Buch haben sich die Zeiten und der Umgang gewandelt. Dieser Band wuchs, und viele neue Entscheidungen fanden keinen Platz hierin.

Es war daher an der Zeit, alles in Frage zu stellen. Damit geboren ist die „Essener Schriftenreihe zum Kindschaftsrecht" mit dem Band „Wichtige Entscheidungen im Sorgerecht".

Was ändert sich? Die Nummerierung entfällt. Die Bücher sind zwar alle Gegenstand einer Reihe, stehen aber nunmehr systematisch nebeneinander. Aus diesem Buch entfernt wurden Umgangsentscheidungen, diese werden in dem neuen Band „Wichtige Entscheidungen im Umgangsrecht" eingegliedert. Die Reihe wird damit Systematischer.

Hinzukommen werden mehrere Co-Autoren, auf deren Beteiligung ich mich sehr freue.

Mein Dank gilt allen, die mich unterstützen und unterstützt haben.

Jenny für die Unterstützung 2019/2020 und Sebastiano für das immer offene Ohr seit 2022.

Vor allem aber Dir, Julia, dafür, dass Du mich offen und ehrlich berätst, unterstützt und aushält und mich daran hinderst, einfach (mit Dir) davonzulaufen, ob der Sisyphus-Aufgabe, die vor uns liegt, wenn wir dieses Land ein wenig besser machen wollen. Danke, von Herzen.

Michael Langhans, Essen
Juli 2024

EINLEITUNG ZUR 3., ERWEITERTEN UND ÜBERARBEITETE AUFLAGE

Sorgerechtsverfahren sind diejenigen, die Menschen am stärksten belasten: Wenn (frühmorgens) die Polizei klingelt und der Gerichtsvollzieher die Kinder mitnimmt, ist dies für alle Beteiligten eine traumatisierende Erfahrung. Wir kennen die Bilder, die sich auf YouTube und in Nachrichtensendungen wiederholen: Schreiende Kinder, überforderte Beamte und schweigende Jugendamtsmitarbeiter. Kaiserslautern, Helbra, all diese Szenerien werden wir nie vergessen, die aber nur dank Videoaufnahmen überhaupt die Öffentlichkeit erreicht haben.

Wenn der Fall eingetreten ist, dann gilt es, schnellstmöglich die Kinder dorthin zurückzuholen, wo es ihnen am besten geht: Zu den Eltern, nach Hause. Wenn der Fall bevorsteht, ist es besser schnellstmöglich gegenzusteuern.

Doch wie gegen den Beschluss des Gerichtes vorgehen?

Dieses Buch soll nicht die kompetente juristische Beratung ersetzen, aber häufige rechtliche Fehler (auch in der anwaltlichen Beratungspraxis) anhand von höchstrichterlicher Rechtsprechung aufzeigen. Die wichtigsten Entscheidungen, die man in beinahe jeder Sorgerechtsentscheidung benötigt, werden aufgezeigt, zitiert und kritisch erläutert. Betroffene Eltern sollen so in die Lage versetzt werden, rechtliche Rahmenbedingungen zu erfahren. Mit diesem Buch soll in einem gerichtlichen Verfahren alles an Basiswissen vorhanden sein, das man benötigt, um dem gegnerischen Anwalt, dem Gericht oder dem Jugendamt ausreichend fundiert erwidern zu können.

Dies heißt nicht, dass damit jeder Fall bereits gewonnen ist. Aber rechtliche Argumente fernab der emotionalen Belastung zu haben ist ein wichtiger Schritt nach vorne.

Freilich ist es mir bereits untergekommen, dass diese Argumentation anhand (bindender!) Verfassungsrechtsprechung von einer Richterin in München als „Kräftemessen mit dem Gericht" bezeichnet wurde. Das kann man so sehen, wirft aber kein wirklich gutes Licht auf die Arbeitseinstellung mancher Richter. Natürlich ist damit auch noch nicht das Problem von Falschbehauptungen von Nachbaren oder Lehrern, Falschaussagen von Familienhelfern und Falschgutachten von sogenannten Experten aus der Welt geschaffen. Zwar werde ich auch hierzu einen Teil meines zwölfjährigen Erfahrungsschatzes beisteuern, aber hier ist das Vorgehen individuell zu bestimmen.

Anwaltliche Unterstützung ist daher immer eine gute Wahl.

Ich hoffe gleichwohl mit diesem Werk ein wenig helfen zu können, damit rechtliche Zusammenhänge und Regeln verständlicher werden und damit häufige Fehler, oft aus Bequemlichkeit geboren, schnell erkannt und gegebenenfalls beseitigt werden.
In dieser Ausgabe sind einige neue Entscheidungen eingefügt sowie die bisherigen Begründungen überarbeitet und besser verständlich formuliert. Knapp 20 neue Textstellen und Entscheidungen sind mit aufgenommen und haben das Buch nochmal erheblich erweitert. Insgesamt sind nun 55 Entscheidungen und Textstellen vorhanden.

Krefeld, im April 2020

Michael Langhans

Inhaltsverzeichnis

Sorgerecht Allgemein	9
Sorgerechtliche Entscheidungen	26
Was nicht zum Sorgerechtsentzug reicht	54
Verhältnismäßig und geeignet	66
Rückführung	72
Gutachten	82
Die psycho-physiologische Aussagebegutachtung	107

Sorgerecht Allgemein

1. Sorgerecht Allgemein
1.1. Das Sorgerechtsverfahren

Das Sorgerechtsverfahren ist recht einfach aufgebaut. Es gibt nur eine Handvoll Paragrafen, eine Handvoll Entscheidungen. Nur diese muss man kennen - als Richter, Anwalt, Jugendamt Mitarbeiter. Natürlich gibt es da noch eine Handvoll Verhaltensweisen und Verfahrensnormen. Und ein wenig Psychologie und Pädagogik. Und trotzdem ist das meiste recht übersichtlich und einfach.

Zudem besteht die sogenannte Amtsermittlungspflicht. Im normalen Zivilprozess gilt das Darlegungsprinzip, nur das, was vorgetragen und unter Beweis gestellt ist, muss und darf der Richter berücksichtigen.

Im Familienverfahren ist dies anders. Dort muss der Richter selbst alle notwendigen Beweise erheben und ermitteln, bis er zu einem Ergebnis kommt. Man muss keine Beweisanträge stellen, man muss auch keine Anträge stellen. Diese vermeintliche Arbeitserleichterung für Betroffene führt aber oft dazu, dass sich Anwälte blind hierauf verlassen und nur das nötigste Schreiben. Es sei tunlichst jedem angeraten, soviel Beweisanträge wie möglich, und zwar in einer formellen Form angelehnt an den strafrechtlichen Beweisantrag zu stellen, damit die Hürden für das Gericht, diese Anträge nicht zu beachten, hoch sind. Man benennt also

Beweistatsache
„Zum Beweis der Tatsache, dass ich mein Kind nicht geschlagen habe am 01.01.2020",
Zeugenmittel
„benenne ich Michael Langhans als Zeuge",

Inhalt

„der Zeuge Langhans wird belegen, dass es am 01.01.2020 zwischen 10 Uhr und 14 Uhr anders als vom Jugendamt geschildert keinen Streit und keine tätliche Auseinandersetzung gab"

und warum dies für das Verfahren relevant ist

„damit wird die anonyme Aussage des Jugendamtes widerlegt",
„die Aussage des Kinderarztes beweist, dass keine Kindswohlgefährdung vorliegt",
"die Behauptungen des Kindsvaters werden damit als falsch belegt".

Die Verfahren im Sorgerechtsbereich können vom Gericht von Amts wegen eingeleitet werden (wenn es von Gefahren für ein Kind erfährt), auf Anregung oder Antrag eines Elternteils/beider Eltern oder von einem Dritten, insbesondere dem Jugendamt.

Das Gericht kann sowohl sofort in einer einstweiligen Anordnung entscheiden oder in einer Hauptsache. Erstere fordert geringeren Beweismaßstäbe, geringere Beweiswahrscheinlichkeiten. Letztere fordert zwar auch nicht den Vollbeweis einer Gefahr für das Kind, es reichen hier gewisse Wahrscheinlichkeiten. Trotzdem sollte Eure Strategie darauf angelegt sein, jeden Beweis zu entkräften, und zwar vollständig. Ich würde immer Beweisurkunden vorlegen, also schriftliche Zeugenaussagen, da solche Beweismittel berücksichtigt werden müssen, während über eine Zeugenanhörung das Gericht entscheidet.

Klassisches Beweismittel ist das Sachverständigengutachten zu der Frage, welche Entscheidung dem Kindeswohl am besten dient. Hier sollte ihr sorgfältig die Beweisfrage prüfen, ob diese ergebnisoffen ist. Der Sachverständige muss sich an den Beweisbeschluss halten, er kann niemals darüber hinaus gehen.

An einem Gutachten muss man nicht teilnehmen. Denn hierzu, für eine solche Pflicht, gibt es keine gesetzliche Grundlage. Trotzdem gibt es Fälle, in denen man an einem Gutachten nur schwer vorbeikommt: Wenn Eltern über ein Kind streiten, muss der Richter entscheiden, wo es dem Kind besser gehen wird.

Dies ist zwar grundsätzlich auch ohne ein Gutachten möglich, aber das Gutachten ist für einen Richter schön bequem: Das Verfahren löst sich quasi von allein.

Auch wo es Beweise für Misshandlungen gibt, mag ein Gutachten die Möglichkeit sein, diese Vorwürfe für die Zukunft zu entkräften.

Kämpft man gegen das Amt, ist es wichtig, dass Eltern zusammenhalten. Denn wenn sich Eltern untereinander streiten, freut sich in der Regel das Jugendamt als Drittes. Da werden Türen für Inobhutnahmen geöffnet, die vorher nicht da waren. Also Vorsicht! Wenn sich zwei streiten, kann es sein, dass am Ende beide Eltern ohne Kind dastehen.

Das FamFG Verfahren ist einfach strukturiert: Hauptsache endet mit Beschluss, dagegen gibt es die Beschwerde. Eine Revision ist nur möglich, wenn vom OLG zugelassen.

Für das Beschwerdeverfahren ist das Oberlandesgericht zuständig und trotzdem gibt es keinen Anwaltszwang - im Sorgerecht.

Nach der Beschwerde stehen nur noch die Wege zum BVerfG und danach dem EGMR offen oder zur UN.

Im einstweiligen Verfahren um das Sorgerecht (nicht bei Umgang!) kommt es drauf an, ob das Gericht ohne Anhörung oder mitentschieden hat. Nach Anhörung der Eltern entscheidet es per Beschluss und es bleibt in Sorgerechtssachen die Beschwerde zum OLG. Entschied es ohne Anhörung, muss diese auf Antrag nachgeholt werden, danach kann ggf. Beschwerde erhoben werden. Das Gesetz sieht vor, dass das Gericht über die Rechtsschutzmöglichkeiten aufklärt, aber das geschieht oft genug falsch.

Das Kind hat ab 14 Jahren eigene Rechte. Es kann einen eigenen Anwalt beauftragen und am Verfahren teilnehmen. Sein Wille ist ein gewichtiges Argument. Hierüber werden Kinder selten aufgeklärt. Auch für kleinere Kinder können Eltern einen Anwalt dem Kind besorgen, dann ist man nicht von den vom Gericht benannten Verfahrensbeistand abhängig, der vielleicht dem Richter gefallen will. Ich habe es in der Vergangenheit erlebt, dass Verfahrensbeistände keine neuen Aufträge bekamen, weil sie anderer Meinung als der Richter/die Richter waren. Statt also einen Beistand ablösen zu lassen, ist es einfach einen eigenen Anwalt zu besorgen. So löst man das Problem der Voreingenommenheit elegant.

Man kann beinahe jederzeit eine Abänderung einer falschen oder richtigen Entscheidung beantragen. Freilich muss man schon eine Änderung der tatsächlichen Verhältnisse belegen, es reicht nicht aus mit der bisherigen Entscheidung unzufrieden zu sein. Freilich kann eine solche Änderung auch neue Beweismittel sein, die in der Vergangenheit übersehen wurden oder falsch bewertet wurden. Inzident muss dann auch der alte Beschluss geprüft werden. Das wollen Richter aber ungern tun. Hier muss man am Ball bleiben.

Entscheidungen hat der Gerichtsvollzieher auf Auftrag des Gerichtes zu vollstrecken, nicht das Jugendamt. Daher darf auch die Polizei nur unterstützen, nicht ein Kind angreifen. Wir alle kennen die Videos, in denen das nicht eingehalten wird. Das ergibt sich aus den Landespolizeirechten. Denn erstens ist Amtshilfe nur möglich, wenn die Behörde (hier die Justiz) selbst personell nicht in der Lage zur Klärung ist (Justizwachtmeister). Zweitens ist nun mal nach dem Gesetz der Gerichtsvollzieher der vollstreckende. Und drittens ist leider auch die Polizei nicht in der Lage, ein Kind schonend mitzunehmen, dazu bräuchte es wenn dann Pädagogen oder Psychologen.

Formell müssen Beschlüsse zugestellt werden, vor Wirksamkeit und in manchen Fällen auch erst danach. Gewalt gegen Eltern und das Kind muss ebenso genehmigt werden wie Betreten eines oder mehrerer Häuser. All das sind Fehlerquellen, die passieren. Das Kind muss dem Ergänzungspfleger ausgehändigt werden, ist der nicht da darf das Kind nicht weggenommen werden. Teils gibt es hier landesspezifische Regeln, die vorgehen.

Obwohl das Sorgerecht einfach ist, steckt der Teufel im Detail. Im Zweifel nehmt einen guten Juristen. Und hütet Euch vor allzu tollen Beratern, die ohne irgendeine Qualifikation die Hand aufhalten.

Natürlich sind mancherlei Berater gut, aber einige eben auch nur Schaumschläger, die mehr schaden als nutzen. Was nichts kostet, ist auch nichts wert, sagt man in meiner bayrischen Heimat. Wer also kein Geld investieren will, in die Rückholung seiner Kinder, hat schon fast verloren.

Denn es gibt viele Möglichkeiten und Unterstützungen für Eltern. Aber wenn sich Profis eben engagieren, kostet das eben auch – wie bei Waschmaschinenreparaturen und Co.

1.2. Rechtliche Grundlagen

Rechtliche Grundlagen finden sich im Grundgesetz (GG), der UN-Kinderrechtskonvention (Übereinkommen über die Rechte des Kindes), der Europäischen Menschenrechtskonvention (EMRK), dem Bürgerlichen Gesetzbuch (BGB), dem Gesetz über Verfahren in Familiensachen (FamFG) und auch dem SGB VIII (Jugendhilferecht). Bei Behinderungen ist ggf. noch auf die UN-Behindertenkonvention abzustellen.

Nur wenigen Paragraphen und Normen regeln, ob und wie der Staat in Familien eingreift. Eigentlich also ein überschaubarer Rechtsbereich, der einfach zu handeln wäre.

Wenn die einfach gesetzlichen Regeln oftmals wenig aussagekräftig sind, finden sich Erklärungen und Erläuterungen oft in der Rechtsprechung des Bundesgerichtshofs und des Bundesverfassungsgerichts.

Während also die einfach gesetzlichen Regelungen und das Grundgesetz durch ihre Allgemeinheit dem Richter eine Möglichkeit an die Hand geben, viele Möglichkeiten der Interpretation zuzulassen, grenzen diese genannte Rechtsprechung den Richter wieder erheblich ein, weshalb dieses Buch sich hauptsächlich mit dieser entscheidenden Rechtsprechung auseinandersetzt. Das ändert aber nichts daran, dass zur Rechtsanwendung auch der relevante Gesetzestext gekannt werden muss:

Art 6 GG:
(1) Ehe und Familie stehen unter dem besonderen Schutze der staatlichen Ordnung.
(2) Pflege und Erziehung der Kinder sind das natürliche Recht der Eltern und die zuvörderst ihnen obliegende Pflicht. Über ihre Betätigung wacht die staatliche Gemeinschaft.

Art. 6 des Grundgesetzes ist die Grundlage aller anderen Regelungen der elterlichen Sorge. Auf ihn muss jede Gesetzesanwendung und jede einfach gesetzliche Regelung zurückzuführen sein. Jede Regelung oder Entscheidung, die Familie nicht besonders schützt und insbesondere nicht den Eltern das natürliche Recht auf Pflege und Erziehung zugebilligt, ist verfassungswidrig. Es heißt natürlich nicht, dass diese Rechte schrankenlos zugebilligt würden. Dies heißt aber, dass der Regelfall davon ausgeht, dass Eltern Kinder erziehen und hierzu auch in der Lage sind. Weil die Gemeinschaft hier überwacht, kann man hieraus schließen dass nur bei Verstößen gegen diese Erziehung der Kinder zu deren Wohl den Staat zum Handeln legitimiert.

Weiter erfolgt die Ausgestaltung dieser verfassungsrechtlichen Rahmenbedingungen insbesondere im Bürgerlichen Gesetzbuch.

§1626 BGB
(1) Die Eltern haben die Pflicht und das Recht, für das minderjährige Kind zu sorgen (elterliche Sorge). Die elterliche Sorge umfasst die Sorge für die Person des Kindes (Personensorge) und das Vermögen des Kindes (Vermögenssorge).
(2) Bei der Pflege und Erziehung berücksichtigen die Eltern die wachsende Fähigkeit und das wachsende Bedürfnis des Kindes zu selbständigem verantwortungsbewusstem Handeln. Sie besprechen mit dem Kind, soweit es nach dessen Entwicklungsstand angezeigt ist, Fragen der elterlichen Sorge und streben Einvernehmen an.
(3) Zum Wohl des Kindes gehört in der Regel der Umgang mit beiden Elternteilen. Gleiches gilt für den Umgang mit anderen Personen, zu denen das Kind Bindungen besitzt, wenn ihre Aufrechterhaltung für seine Entwicklung förderlich ist.

§1631 BGB
(1) Die Personensorge umfasst insbesondere die Pflicht und das Recht, das Kind zu pflegen, zu erziehen, zu beaufsichtigen und seinen Aufenthalt zu bestimmen.
(2) Kinder haben ein Recht auf gewaltfreie Erziehung. Körperliche Bestrafungen, seelische Verletzungen und andere entwürdigende Maßnahmen sind unzulässig.
(3) Das Familiengericht hat die Eltern auf Antrag bei der Ausübung der Personensorge in geeigneten Fällen zu unterstützen.

§1666 BGB
(1) Wird das körperliche, geistige oder seelische Wohl des Kindes oder sein Vermögen gefährdet und sind die Eltern nicht gewillt oder nicht in der Lage, die Gefahr abzuwenden, so hat das Familiengericht die Maßnahmen zu treffen, die zur Abwendung der Gefahr erforderlich sind.
(2) In der Regel ist anzunehmen, dass das Vermögen des Kindes gefährdet ist, wenn der Inhaber der Vermögenssorge seine Unterhaltspflicht gegenüber dem Kind oder seine mit der Vermögenssorge verbundenen Pflichten verletzt oder Anordnungen des Gerichts, die sich auf die Vermögenssorge beziehen, nicht befolgt.
(3) Zu den gerichtlichen Maßnahmen nach Absatz 1 gehören insbesondere
1. Gebote, öffentliche Hilfen wie zum Beispiel Leistungen der Kinder- und Jugendhilfe und der Gesundheitsfürsorge in Anspruch zu nehmen,
2. Gebote, für die Einhaltung der Schulpflicht zu sorgen,
3. Verbote, vorübergehend oder auf unbestimmte Zeit die Familienwohnung oder eine andere Wohnung zu nutzen, sich in einem bestimmten Umkreis der Wohnung aufzuhalten oder zu bestimmende andere Orte aufzusuchen, an denen sich das Kind regelmäßig aufhält,
4. Verbote, Verbindung zum Kind aufzunehmen oder ein Zusammentreffen mit dem Kind herbeizuführen,
5. die Ersetzung von Erklärungen des Inhabers der elterlichen Sorge,
6. die teilweise oder vollständige Entziehung der elterlichen Sorge.

(4) In Angelegenheiten der Personensorge kann das Gericht auch Maßnahmen mit Wirkung gegen einen Dritten treffen.

§ 1666 BGB ist überschrieben mit „gerichtliche Maßnahmen bei Gefährdung des Kindeswohls". Hierin geregelt wird also, unter welchen Voraussetzungen ein Gericht tätig werden darf.

Wichtig ist, dass nach einhelliger Rechtsauffassung diese Eingriffsnorm nur bei Verfehlungen der Eltern relevant wird, nicht wenn der Staat selbst z. B. durch einen Ergänzungspfleger identische Fehler begeht. Zwar könnte man Maßnahmen mit Wirkung gegen Dritte auch so auslegen, dass Dritter im Sinne dieser Situation auch der Staat ist. Die bisherige Rechtsprechung geht aber davon aus, dass Eingriffe gegen Stadt nicht notwendig sind und daher expressis verbis über diesen Paragrafen auch nicht zulässig sind. Das hat der BGH nochmals bekräftigt, als ein Richter in Weimar eine Verfügung gegen Masken in Schulen erlassen wollte (BGH, 03.11.2021 - XII ZB 289/21).
Relevant sind die Merkmale der Unmöglichkeit der Eltern, die Gefahr für ein Kind abzuwenden, was die Eingriffsmöglichkeiten auf Fälle beschränkt, in denen die Eltern nicht identischen Maßnahmen des Gerichts treffen möchten. Das Gericht darf auch nur dasjenige ausüben, was zur Abwendung der Gefahr erforderlich ist, also nur das, was möglich ist, was den geringstmöglichen Eingriff darstellt, wie Juristen sagen, verhältnismäßig ist. Verhältnismäßig ist all das, was das bestehende Problem beseitigt und dabei den am wenigsten starken Eingriff darstellt. Die Verhältnismäßigkeit ist aber gesondert in § 1666A BGB geregelt.

§1666a BGB
(1) Maßnahmen, mit denen eine Trennung des Kindes von der elterlichen Familie verbunden ist, sind nur zulässig, wenn der Gefahr nicht auf andere Weise, auch nicht durch öffentliche Hilfen, begegnet werden kann. Dies gilt auch, wenn einem Elternteil vorübergehend oder auf unbestimmte Zeit die Nutzung der Familienwohnung untersagt werden soll. Wird einem Elternteil oder einem Dritten die Nutzung der vom Kind mitbewohnten oder einer anderen Wohnung untersagt, ist bei der Bemessung der Dauer der Maßnahme auch zu berücksichtigen, ob diesem das Eigentum, das Erbbaurecht oder der Nießbrauch an dem Grundstück zusteht, auf dem sich die Wohnung befindet; Entsprechendes gilt für das Wohnungseigentum, das Dauerwohnrecht, das dingliche Wohnrecht oder wenn der Elternteil oder Dritte Mieter der Wohnung ist.
(2) Die gesamte Personensorge darf nur entzogen werden, wenn andere Maßnahmen erfolglos geblieben sind oder wenn anzunehmen ist, dass sie zur Abwendung der Gefahr nicht ausreichen.

Erforderlichkeit und Verhältnismäßigkeit sind dabei nicht Synonym. Erforderlich ist jede Maßnahme, deren Problem beseitigt. Verhältnismäßig ist nur diejenige, die den geringstmöglichen Eingriff darstellt.

Diese Paragrafen sind diejenigen, die in Sorgerechtsstreitigkeiten am häufigsten eine Rolle spielen. Nachdem dieses eine einfache Handreichung für alltägliche Probleme darstellen soll, verzichte ich auf eine weiterführende Kommentierung. Diese ist den gängigen juristischen Kommentaren des Bürgerlichen Gesetzbuches und der Nebengesetze vorbehalten. Ich möchte, auch um den richterlichen Spielraum einzuschränken, mit diesem Werk gerade nur dasjenige ansprechen, was sich unmittelbar aus höchstrichterlicher Rechtsprechung ergibt. Dabei wäre es kontraproduktiv, Auslegungsdiskussionen mit dem Gericht zuführen. Leider ist dem Zeitpunkt dieser Formulierung der kostenfrei zugängliche öffentliche BGB-Kommentar im Sorgerechtsbereich noch unzureichend gefüllt, kann sie aber im Bedarfsfall lohnen dort nachzuschlagen - https://bgb.kommentar.de/.

1.3. Wo finde ich Entscheidungen im Internet?

Primärquellen
Zuerst einmal veröffentlichen die drei höchsten Gerichte Europäischer Gerichtshof für Menschenrechte, Bundesverfassungsgericht und Bundesgerichtshof alle Entscheidungen online:

Der Europäische Gerichtshof für Menschenrechte
https://hudoc.echr.coe.int/
Entscheidungen sind auf Englisch verfügbar

Das Bundesverfassungsgericht
http://www.bundesverfassungsgericht.de/

Der Bundesgerichtshof
http://www.bundesgerichtshof.de/

Entscheidungen aus NRW
https://www.justiz.nrw/BS/nrwe2/index.php

Entscheidungssammlungen und Suchmaschinen
Folgende Entscheidungssammlungen und Suchmaschinen sind verfügbar:

Openjur
https://openjur.de

Dejure
https://dejure.org/

Jurion (teils kostenpflichtig)
https://www.jurion.de/

Juris (kostenpflichtig)
https://www.juris.de

Beck Online (kostenpflichtig)
https://beck-online.beck.de/Home

Auf unserem Schwesterprojekt Amtshaftung.org unter https://www.amtshaftung.org finden sich im dortigen Wiki einige Entscheidungen sowie grundlegende Infos zur Amtshaftungsklage, kostenlos.

1.4. Wie zitiere ich richtig?

Die Entscheidungen in diesem Buch werden immer im Originalwortlaut von mir zitiert und mit Quellenangabe versehen. Wenn Sie an das Gericht schreiben, ist es daher ratsam die Entscheidung zu benennen, ungefähr so:

„Das Gericht hat die Art und Schwere der angeblichen Kindswohlgefahr nicht benannt, weshalb die Entscheidung verfassungswidrig ist (zitiert nach BVerfG, Beschluss der 1. Kammer des Ersten Senats vom 19. November 2014 – 1 BvR 1178/14 – Rn. 25)."

Damit kann und muss jeder Richter nachschlagen können und auf Ihre Argumentation eingehen. Den Zitiervorschlag schreibe ich direkt nach jedem Zitat, so dass nur entsprechend abgetippt werden muss.

Gern können Sie natürlich auch zitieren:

zitiert nach BVerfG, Beschluss der 1. Kammer des Ersten Senats vom 19. November 2014 - 1 BvR 1178/14 - Rn. 25 in Langhans, Wichtige Entscheidungen im Sorgerecht

1.5. Handbuch Kindswohlgefährdung nach § 1666 BGB und allgemeiner sozialer Dienst

Das Handbuch Kindswohlgefährdung ist eine wichtige und frei empfängliche Quelle im Internet. Zwar wendet sich dies insbesondere an Jugendamtsmitarbeiter, aber zu Wissen wie die „Gegenseite" denkt schadet ja nicht, oder?
Ihr könnt die jeweils aktuelle Version hier downloaden:

http://db.dji.de/asd/ASD_Inhalt.htm

Fachleute haben hier Informationen zusammengetragen, wann nach Stand der Wissenschaft eine Kindswohlgefährdung vorliegt, wie man diese erkennt und wie man dieser begegnen kann. Zwar ist die Sichtweise auf Mitarbeiter von Jugendämtern zugeschnitten, gleichzeitig aber kann man hieraus eine Vielzahl von Hinweisen auf deren Arbeitsweise und damit auch auf Fehler herauslesen. Wenn die Fragen der Abklärung einer Kindswohlgefährdung thematisiert werden, kann ich Verstöße gegen diese Ausführungen eben verwenden, um zu argumentieren, dass keine Kindswohlgefährdung besteht. Zum Beispiel führt das Buch zu Gewalt in der Erziehung, die gesetzlich verboten ist, aus, dass eben nicht jede Gewalt („Ohrfeige" oder „Backpfeife") eine Kindswohlgefährdung darstellt, was wissenschaftlich (!) belegt ist, gleichzeitig oft aber verkannt wird.

Das Handbuch ist daher die primäre Quelle an kostenfreien Informationen über die Arbeitsweise des Jugendamtes und zu Definitionen rund um § 1666 BGB. Diese Argumente kann man ohne Probleme auch dem Gericht entgegenhalten oder einem Sachverständigen. Heinz Kindler, der das Handbuch federführend betreut, ist ein anerkannter Fachmann. Ich habe in verschiedenen Verfahren mit ihm zusammenarbeiten müssen, fachlich weiß er rechtlich mehr als mancher Richter. Er bleibt aber ein Psychologe, der seine psychologische Meinung über rechtliche Gegebenheiten setzt. Gleichwohl ist m. E. das Handbuch fair geschrieben.

1.6. Hinweise

Die nachstehenden Entscheidungen sind weder vollständig, noch sind sie die am besten begründeten. Sie sind die meiner Meinung nach am besten begründeten Entscheidungen der Obergerichte, deren Sätze einfach verständlich sind und in fast jedem Verfahren eine Rolle spielen. Ich traf bisher kaum eine Entscheidung, in der nicht mindestens 4 dieser hier zitierten Entscheidungen vom Gericht nicht gekannt oder falsch angewendet waren.

Wer diese Entscheidungen kennt, der ist für den Gerichtssaal gewappnet – oder für eine Beschwerdebegründung. Auch für Amtshaftungsklagen oder Strafanzeigen wegen Rechtsbeugung helfen diese gesammelten Entscheidungen. Ich gehe noch heute meine Sammlung durch und kopiere die relevanten Passagen in Beschwerdebegründungen oder Verfassungsbeschwerden. Dies ist keine Garantie für irgendetwas, aber es erhöht die Seriosität Eurer Begründungen und die Chance auf Aufmerksamkeit des Gerichtes. Gleichzeitig rege ich an, immer die vollständige Entscheidung auszudrucken und mitzusenden und die entsprechende Passage anzuleuchten mit Leuchtmarker oder Einmerker. Wenn ihr es dem Richter so einfach wie möglich macht, wird er es euch eher danken, als wenn er zu viel suchen muss.

Und wenn ihr auf Augenhöhe argumentiert, ist viel gewonnen. Wenn ihr dann noch passende Beweise seriös und nüchtern vorlegt, ist ein großer Schritt getan. Vergesst nie: Ist das Kind weg, arbeitet die Zeit gegen Euch. Man hat also keine Zeit für Machtspielchen.

Weitere Informationen erhaltet ihr auf meiner Internetseite https://familienrecht.activinews.tv (für Eltern), https://www.gutachten-anfechten.de zum Thema Gutachten auch für Profis, https://www.langhans.pro für Juristen und Fachleute oder auf youtube.com. Dort gibt es viele Videos und Informationen rund um dieses Thema Sorgerechtsentzug, unter anderem die Reihen „Fehler im Kampf ums Kind", „Fehler am Familiengericht", „Fehler in Gutachten", „Die Schutzschrift" und vieles, vieles mehr
Und natürlich helft Ihr am meisten, wenn Ihr die Videos anschaut und darüber redet.

Like auf YouTube
Share auf Facebook
Like auf Facebook
Kommentar auf YouTube
Abo auf YouTube
Tweet mit Videolink
Mention auf Instagram

All das hilft bei der Verbreitung unserer Hilfe zur Selbsthilfe. Weiterführende Einzelfallberatung kann darüber hinaus nicht umsonst sein.

Sorgerecht

2. Sorgerecht

2.1. Art, Schwere und Wahrscheinlichkeit der befürchteten Beeinträchtigung sind zu benennen

Ein klassischer Fehler vieler Entscheidungen: Die Gerichte benennen nur, dass eine Kindswohlgefahr besteht, definieren diese aber nicht näher. Nicht nur, dass man dadurch nicht weiß, wogegen man sich verteidigen muss, das ist schlichtweg verfassungswidrig. Hierzu das BVerfG:

„Die angegriffenen Entscheidungen verfehlen die verfassungsrechtlichen Anforderungen an die Gefahrenfeststellung auch deshalb, weil sie zwar auf mögliche Defizite bei der Erziehungsfähigkeit des Beschwerdeführers eingehen, ohne dass sich daraus aber ergibt, von welcher Art, Schwere und Wahrscheinlichkeit die befürchteten Beeinträchtigungen des Kindes sind und weshalb diese Gefahren so gravierend sind, dass sie eine Fremdunterbringung legitimieren. Für die Fachgerichte ergibt sich aus Art. 6 Abs. 2 und 3 GG das Gebot, die dem Kind drohenden Schäden ihrer Art, Schwere und Eintrittswahrscheinlichkeit nach konkret zu benennen und sie vor dem Hintergrund des grundrechtlichen Schutzes vor der Trennung des Kindes von seinen Eltern zu bewerten. Die Fachgerichte werden dem regelmäßig nicht gerecht, wenn sie ihren Blick nur auf die Verhaltensweisen der Eltern lenken, ohne die sich daraus ergebenden schwerwiegenden Konsequenzen für die Kinder darzulegen."

zitiert nach BVerfG, Beschluss der 1. Kammer des ersten Senats vom 19. November 2014 – 1 BvR 1178/14 – Rn. 25

Das Bundesverfassungsgericht fordert, dass eine Eingrenzung der Gefahr erfolgen muss. Was droht dem Kind (Schläge z.B.), wie wahrscheinlich der Eintritt dieser Gefahren ist (ist bereits erfolgt oder wird bald erfolgen), welche Auswirkungen (bereits verhaltensauffällig). Eine Bewertung muss auch und gerade in Abwägung der Folgen der Fremdunterbringung erfolgen. Selbst wenn Entscheidungen die Gefahr als solche benennen, wird oft vergessen mit den Gefahren der Fremdunterbringung abzuwägen.

Eine schlecht begründete und damit verfassungswidrige Entscheidung, wie sie sehr oft vorkommt, lautet hingegen:

„Wegen des der Entscheidung zugrunde liegenden Sachverhalts wird auf den Bericht des Jugendamtes vom 22.04.2016 Bezug genommen.

Das Wohl des Kindes ist zur Überzeugung des Gerichts gefährdet. Es besteht die begründete Besorgnis, dass bei Nichteingreifen das Kindeswohl beeinträchtigt wird.

Nach dem vorliegenden Sachverhalt besteht eine gegenwärtige, in einem solchen Maß vorhandene Gefahr, dass sich ohne Maßnahmen des Familiengerichts bei einer weiteren aktuellen Entwicklung eine erhebliche Schädigung des Kindes mit ziemlicher Sicherheit voraussehen lässt.

Die Mutter ist zur Überzeugung des Gerichts · nicht in der Lage, die bestehende Gefahr für das Kindeswohl abzuwenden.

Weniger einschneidende Maßnahmen sind nicht geeignet, die Gefahr für das Kind abzuwenden.

Auf den Bericht des Jugendamtes vom 22.04.2016 wird Bezug genommen.
Wegen der vorliegenden Dringlichkeit war ohne vorherige Anhörung der Eltern und des Kindes zu entscheiden, da Gefahr für das Wohl des Kindes besteht.

Unter Berücksichtigung der tatsächlichen Gegebenheiten und Möglichkeiten sowie der berechtigten Interessen der Beteiligten entspricht diese Entscheidung dem Wohl des Kindes am besten, § 1697 a BGB.
Die Anordnung der Ergänzungspflegschaft beruht auf§ 1909 BGB. , Die Festsetzung des Vefahrenswertes beruht auf§ 45 FamGKG."

Königsfrage: Welche Gefahr droht dem Kind gemäß der obigen Entscheidung?

Art, Schwere und Wahrscheinlichkeit der Beeinträchtigung sind leider nicht genannt. Solche Formularentscheidungen sind jedenfalls öfter zu finden, als man denkt (wenn auch nicht die Regel). Natürlich gilt das auch für nichtbegründete Beschlüsse, auch so etwas kommt in der Praxis häufiger vor als man denkt. In der Referendars Praxis lernt man eigentlich, alles was für die Entscheidung relevant ist auszuführen.

Ein Beschluss muss eigentlich so genau formuliert sein, dass man aus diesem heraus bereits alle Maßnahmen ableiten kann, welche das Kind benötigt. Verweis auf Anlagen oder Jugendamtsberichte sind dabei ebenso unzulässig (und machen einen Beschluss nicht vollstreckungsfähig) wie allgemeingültige Formulierungen.

2.2. Gegenwärtigkeit der Gefahr

Wie definiert sich nun die Gefahr für das Kindswohl, die der Gesetzgeber in §1666 BGB nicht ausreichend geregelt und gar nicht definiert hat? Der Bundesgerichtshof nahm hierzu Stellung:

„a) Nach der Rechtsprechung des Senats ist Voraussetzung für ein Eingreifen des Familiengerichts eine gegenwärtige, in einem solchen Maß vorhandene

Gefahr, dass sich bei der weiteren Entwicklung der Dinge eine erhebliche Schädigung des geistigen oder leiblichen Wohls des Kindes mit ziemlicher Sicherheit voraussehen lässt (Senatsbeschlüsse BGHZ 184, 269 = FamRZ 2010, 720 Rn. 19 und vom 15. Dezember 2004 – XII ZB 166/03 – FamRZ 2005, 344, 345 m.w.N). Als gewichtige Gesichtspunkte des Kindeswohls hat der Senat die Erziehungseignung der Eltern, die Bindungen des Kindes, die Prinzipien der Förderung und der Kontinuität sowie die Beachtung des Kindeswillens angeführt (Senatsbeschlüsse BGHZ 185, 272 = FamRZ 2010, 1060 Rn. 19 und vom 6. Dezember 1989 – IVb ZB 66/88 – FamRZ 1990, 392, 393 mN, jeweils zu § 1671 BGB)."

zitiert nach BGH, Beschluss des 12. Zivilsenates vom 26. Oktober 2011 - 1XII ZB 247/11 - Rn. 25

Die Gefahr muss also gegenwärtig sein, nicht vergangen und nicht rein künftig. Sie muss heute vorhanden sein. Sie muss zudem zu einer erheblichen Schädigung führen können, nicht bloß zu Negativentwicklungen oder unbedeutenden Schäden.
Die Schädigung muss mit ziemlicher Sicherheit voraussagbar sein, d.h. einerseits braucht es keinen Vollbeweis einer solchen Schädigung, sondern nur eine Wahrscheinlichkeit, andererseits reichen bloße Möglichkeiten des Schadenseintritts nicht aus.
Regelhaft als Bemessungskriterien nennt der BGH die Erziehungseignung der Eltern, Bindungen des Kindes, Förderung, Kontinuität sowie den Kindswillen, bei denen für einzelne Aspekte eben eine gegenwärtige erhebliche Schädigungsgefahr mit ziemlicher Sicherheit bestehen muss.

2.3. Rein künftige Gefahr

Eine weitere sehr wichtige Entscheidung in Sorgerechtssachen:

„Eine künftige Gefährdung begründet jedoch keine nachhaltige Kindeswohlgefahr im verfassungsrechtlichen Sinne."

zitiert nach BVerfG, Beschluss der 1. Kammer des ersten Senats vom 24. März 2014 – 1 BvR 160/14 – Rn. 30

Die Gefährdung muss heute bestehen, nicht gestern, nicht als reine Möglichkeit in der Zukunft, die sich heute noch nicht partiell oder ansatzweise bestätigt hat.
Diese Entscheidung ist deshalb so wichtig, weil deutlich wird, dass reine Zukunftsprognosen eben nicht ausreichen, um einen so weitreichenden Schritt wie den Eingriff in das Elternrecht des Art. 6 d. Grundgesetzes zu rechtfertigen.

2.4. Gesicherte Ermittlungsgrundlage

Das der Amtsermittlung unterworfene Gericht muss also nicht nur entscheiden, sondern auch noch „gesicherte" Ermittlungsgrundlagen verwenden, nicht nur Behauptungen:

„Das Gericht hat – auch nach eigener Einschätzung – nicht auf gesicherter Ermittlungsgrundlage entschieden; es beabsichtigt, das aus seiner Sicht notwendige Sachverständigengutachten, das sowohl psychiatrischen wie familienpsychologischen Sachverstand erfordere, erst in einem Hauptsacheverfahren einzuholen. Wegen der Intensität des Grundrechtseingriffs durfte der die Wegnahme des Kindes vorbereitende Sorgerechtsentzug auf diesen vorläufigen Ermittlungsstand nur dann gestützt werden, wenn die Gefahr einer schweren und zeitlich nahen Kindeswohlgefahr bestand, die ein Abwarten der Hauptsacheentscheidung ausschloss."

zitiert nach BVerfG, Beschluss der 1. Kammer des ersten Senats vom 07. April 2014 – 1 BvR 3121/13 – Rn. 26

Nicht jede Behauptung, jeder Beleg, jede Tatsache reicht im eA Verfahren aus für eine gerichtliche Entscheidung: Trotz des reduzierten Umfangs des Nachweismaßstabes sind die Entscheidungsgrundlagen gesichert zu erheben, nicht zu raten oder zu vermuten. Alleine die Tatsache, dass in der Hauptsache vielleicht weitere Beweise erhoben werden rechtfertigt keine Entscheidung ohne gesicherte Grundlagen.

Mit anderen Worten: Richter müssen sich Mühe bei der Entscheidung geben, Abwägen, auch Beweise erheben und Entscheiden, ob all das ausreicht. Je schwerer allerdings die befürchtete Gefahr für das Kind ist, desto weniger hoch sollen die Anforderungen für die Darlegung sein.

2.5. Maßnahme ist ungeeignet, wenn sich Situation nicht bessert

Bessert sich die Situation durch eine Maßnahme nicht, ist sie ungeeignet:

„Ist Ziel der gerichtlichen Maßnahme die Fremdunterbringung des Kindes, stellt sich ein entsprechender Entzug des Aufenthaltsbestimmungsrechts dann nicht als geeignete Maßnahme dar, wenn sich die Gesamtsituation des Kindes durch die Trennung nicht verbessert."

zitiert nach BGH in FamRZ 2012, 99 Rn. 29

Diese einfache Weisheit ist vielerorts nicht zu sehen. Die Gesamtsituation kann nicht gleichbleiben, sie muss für das Kind trotz der Herausnahme Belastung besser werden.

2.6. Tragfähige Tatsachengrundlagen

Das Gericht muss tragfähige Tatsachengrundlagen schaffen:

"Es bestehen überdies Zweifel daran, ob sich das Oberlandesgericht für die Anordnung des vollständigen Sorgerechtsentzugs die verfassungsrechtlich gebotene hinreichend tragfähige Tatsachengrundlage verschafft hat. Zwar hat es sämtliche fachlich Beteiligten einschließlich des bereits erstinstanzlich beauftragten psychologischen Sachverständigen angehört. Allerdings war der ursprüngliche Gutachtenauftrag dem vom Beschwerdeführer gestellten Antrag entsprechend auf Fragen zu § 1671 Abs. 1 BGB gerichtet ..."

zitiert nach BVerfG, 1 BvR 1037/23 vom 17.11.2023 - Rn. 53

2.7. Angst bei einem Kind hervorrufen ist KWG

Wenn ein Kind durch elterliches Verhalten Angst entwickelt, ist dies eine eigenständige Kindeswohlgefährdung. Manipulation, die sich auswirkt, kann also in das Gegenteil umschlagen:

"Der Senat teilt auch insoweit die Ansicht der Kinderschutzambulanz, dass die Erziehungsfähigkeit - hier der Kindesmutter - gutachterlich zu klären ist, da Gründe für die Annahme bestehen, dass das Verhalten der Kindesmutter kindewohlgefährdend im Sinne des § 1666 BGB ist. Es entspricht ständiger Rechtsprechung des Bundeverfassungsgericht, dass die seelische Entwicklung des Kindes durch das anhaltende massive Hervorrufen von Ängsten gegenüber dem umgangsberechtigten Elternteil infolge der defizitären Bindungstoleranz des umgangsverpflichteten Elternteils insbesondere im Zusammenhang mit einem verschärften Elternkonflikt eine schwerwiegende Beeinträchtigung des Kindeswohls darstellen kann, die die Gefährdungsgrenze des § 1666 Abs. 1 BGB erreichen und zu einem Eingriff in das Sorgerecht Veranlassung geben kann (BVerfG, Beschluss vom 27.11.2020 - 1 BvR 836/20, FamRZ 2021, 753).

zitiert nach OLG Köln, Beschluss vom 11.07.2022 - 14 UF 34/22

Auch hier hilft das Kennen der Entscheidung und das zitieren, sowohl im Streit Eltern untereinander als auch im Kampf gegen das Jugendamt. Denn wer manipuliert, läuft am Ende Gefahr, dass er/sie/es „ohne" dasteht.

2.8. Vater als Feindbild aufbauen führt zur KWG

Auch der elterliche Konflikt kann zu einer Kindeswohlgefahr führen, wenn wie vorliegend der Vater als Feindbild beschworen wird und dies beim Kind hängen bleibt.

„Das Familiengericht ist zwar in verfassungsrechtlich nicht zu beanstandender Weise von einer bereits bestehenden Gefährdung des seelischen Kindeswohls ausgegangen, die ohne den vorläufigen Sorgerechtsentzug mit ziemlicher Sicherheit zu dessen nachhaltiger, schwerwiegender Schädigung führen werde. Auf der Grundlage einer umfassenden und sorgfältigen Würdigung des unter den Bedingungen des Eilverfahrens ermittelten Sachverhaltes (zu den Anforderungen daran siehe BVerfG, Beschluss der 1. Kammer des Ersten Senats vom 19. August 2015 - 1 BvR 1084/15 - Rn. 19 f. und 25; Beschluss der 2. Kammer des Ersten Senats vom 23. April 2018 - 1 BvR 383/18 -, Rn. 18 m.w.N) hat es angenommen, dass die seelische Entwicklung des Kindes durch das anhaltende massive Hervorrufen von Ängsten gegenüber dem Vater und dem Aufbau eines Feindbildes des Vaters bei dem Kind infolge der defizitären Bindungstoleranz der Beschwerdeführerin sowie durch die damit unmöglich werdende Entwicklung einer unbeschwerten Beziehung zwischen dem Kind und dem Vater erheblich gefährdet sei. Dies kann, insbesondere im Zusammenhang mit dem verschärften Elternkonflikt, eine schwerwiegende Beeinträchtigung des Kindeswohls darstellen, die die Gefährdungsgrenze des § 1666 Abs. 1 BGB erreicht und zu einem Eingriff in das Sorgerecht Veranlassung gibt (vgl. BVerfG, Beschluss der 1. Kammer des Ersten Senats vom 27. August 2014 - 1 BvR 1822/14 -, Rn. 33 m.w.N.; BVerfG, Beschluss der 1. Kammer des Ersten Senats vom 22. September 2014 - 1 BvR 2108/14 -, Rn. 11)."

zitiert nach BVerfG, Beschluss vom 27. November 2020 - 1 BvR 836/20, Rn. 28

Das ist die Entscheidung des BVerfG zu 2.7., die allen Eltern im Streit vor Augen stehen sollte. Das, was man in Kinderseelen anrichtet, ist nur schwer zu ertragen, weshalb Streit zu vermeiden ist. Immer dann, wenn die Kinderseele beschädigt wird, kann dies eine eigenständige KWG sein.

2.9. Sorgerechtsentzug auf Vorrat ist unzulässig

Gemeint sind Rechtsübertragungen, die man nicht sofort umsetzt, sei es, weil man noch keine Notwendigkeit sieht, sei es, weil man noch keinen Therapie- oder Heimplatz hat:

„Der Sorgerechtsentzug war hier jedoch nicht geeignet, die damit bezweckte Fremdunterbringung zu erreichen. Das Amtsgericht ging selbst davon aus, „dass derzeit noch keine geeignete Einrichtung zur Verfügung steht". Durch den Sorgerechtsentzug sollte vielmehr gewährleistet werden, „dass die für [das Kind] dringend erforderliche Hilfe zeitnah und zuverlässig umgesetzt werden kann, sobald eine geeignete Einrichtung gefunden worden ist.
Dies genügt den verfassungsrechtlichen Anforderungen an eine Entziehung des Sorgerechts nicht.
Inwiefern ein solcher Sorgerechtsentzug „auf Vorrat" dem verfassungsrechtlichen Verhältnismäßigkeitsgebot überhaupt genügen kann, bedarf keiner abschließenden Entscheidung. Grundsätzlich dürfte es Jugendamt und Familiengericht allerdings auch ohne vorrätige Sorgerechtsentziehung möglich sein, in sehr kurzer Zeit gemeinsam eine Sorgerechtsübertragung herbeizuführen, sobald sich eine Fremdunterbringungsmöglichkeit realistisch abzeichnet. Jedenfalls ist ein Sorgerechtsentzug auf Vorrat dann nicht zu rechtfertigen, wenn – wie hier – für das Familiengericht bereits deutlich erkennbar ist, dass die zur Abwendung einer Kindeswohlgefährdung erforderliche Fremdunterbringung des Kindes in näherer Zeit kaum möglich sein wird."

zitiert nach BVerfG, Beschluss der 1. Kammer des ersten Senats vom 17. März 2014 – 1 BvR 2695/13 – Rn. 40)

Entweder es liegt eine Gefahr vor, dann muss man sofort handeln. Oder eine solche liegt nicht vor und man kann abwarten. Wer also abwartet, der negiert eine sofortige Gefahr, der negiert, dass die Voraussetzungen des § 1666 BGB vorliegen. Wer eine Notwendigkeit für Kindergarten oder Heim geltend macht, muss einen solchen Platz auch haben, alles andere wäre Vorratsverbescheidung, die verfassungswidrig ist.

Gerade in Großstädten ist daher genau zu überprüfen, ob im Zeitpunkt der Entscheidung überhaupt tatsächliche Plätze für das/die Kinder zur Verfügung standen oder nicht. Selbst wenn eine Gefahr besteht, muss erst die Möglichkeit der anderweitigen Abhilfe geklärt sein, um verfassungsrechtlich unbedenklich zu entscheiden.

Denn andere Maßnahmen hieße ja, dass eine Entziehung unverhältnismäßig wäre.

2.10 Entbehrliche Begründung nur bei offenkundiger Gefahr

Wiederum etwas Selbstverständliches: Konkrete, dezidierte Abwägungen sind nur dann vernachlässigbar, wenn die Gefahr offenkundig und schwer ist, also so greifbar, dass man eigentlich keine Worte darüber verlieren muss:

„*Dass dem Kind im Haushalt der Eltern in naher Zukunft eine schwere Gefahr drohte, ist nach den bisherigen Ermittlungsergebnissen auch nicht solchermaßen offenkundig, dass nähere Ausführungen der Gerichte verfassungsrechtlich entbehrlich wären. Der von den Gerichten benannte, aber nicht weiter analysierte Umstand, dass mehreren Betreuern des Mädchens schreckhafte Reaktionen auf laute Ansprache, teilweise auch auf schnelle Bewegungen aufgefallen waren, mag die Vermutung erlauben, das Kind habe körperliche Gewalt erlebt, lässt darauf ohne nähere Erläuterungen jedoch nicht hinreichend deutlich schließen. Weder das psychiatrische Gutachten des Gesundheitsamts noch die langjährige Familienhelferin hatten berichtet, dass es in der Vergangenheit zu körperlicher Gewalt der Beschwerdeführerin gegen das Kind gekommen sei. Laut Antragsschrift des Jugendamts hat die Beschwerdeführerin selbst von einer Ohrfeige berichtet, die sie ihrer Tochter (wohl im Jahr 2011) gegeben habe, als sie sich überfordert gefühlt habe. Sie habe ihr Fehlverhalten bedauert und sich dafür geschämt. Für eine darüber hinausgehende Gewalttätigkeit gegenüber ihrer Tochter spricht dies nicht; auch sonst ist nichts ersichtlich, was hierauf mit hinreichender Sicherheit schließen ließe.*"

zitiert nach BVerfG, Beschluss der 1. Kammer des ersten Senats vom 07. April 2014 – 1 BvR 3121/13 – Rn. 28

Übersetzt heißt dies: Selbstverständlich muss man die bestehende Gefahr begründen. Dies muss dezidiert und umfangreich erfolgen. Es reicht eben nicht aus anzunehmen, dass die Gefahr quasi bekannt sei, soweit dies nicht für jeden erkennbar ist. Mögliche Schlüsse reichen nicht aus, es muss ein hinreichend deutlicher Beleg vorliegen.
Zudem reicht nicht jede einfache Gefahr aus, nur eine schwerwiegende.

Wann ist nun eine solche schwerwiegende Gefahr da? Wenn schwerste Schäden schon eingetreten sind! Werden diese, wie meist, von Amt und Gericht nur vermutet, muss man argumentieren und schreiben, man darf nicht schweigen.

2.11. Keine Formularbegründung

Die Gerichte müssen bei Sorgerechtsentzug besonders sorgfältig die Gefahren und die Notwendigkeit einer Maßnahme darlegen, Formularbegründungen genügen nicht:

Das BVerfG weist nochmals darauf hin, dass nicht einfach pauschal argumentiert werden darf. Es ist schlicht alles sorgfältig darzulegen, also auch die Gefahren des Vorgehens des Jugendamtes/Gerichtes, nicht nur die (erhofften) Vorzüge.

„Das Oberlandesgericht zieht daraus jedoch ebenso wenig wie das Amtsgericht die verfassungsrechtlich gebotene Konsequenz einer besonders sorgfältigen Darlegung der Erfordernisse des Kindeswohls einerseits und der Notwendigkeit der ergriffenen Maßnahmen andererseits."

zitiert nach BVerfG, Beschluss der 2. Kammer des ersten Senats vom 28. Februar 2012 – 1 BvR 3116/11 – Rn. 19)

Die Gerichte müssen daher bei Sorgerechtsentzug besonders sorgfältig die Gefahren und die Notwendigkeit einer Maßnahme darlegen, Formularbegründungen genügen nicht. Dass sich nicht alle Richter hieran halten, habe ich unter 1. bereits aufgezeigt. Gerade der Kern des Sorgerechtes, das Kindswohl (gesetzlich in Deutschland nicht definiert), wird also im Umkehrschluss von Richtern kaum beachtet – was im Beschluss nicht steht existiert so auch nicht. Kein gutes Bild der Justiz im Jahr 2020, oder?

Gerade spezialisierte Familienrichter sollten hier handwerklich korrekt vorgehen, so dass es solche Verfassungsgerichtlichen Entscheidungen nicht geben dürfte.

Am besten fragt man einen guten Freund, ob er aus dem Beschluss die konkreten Gefahren für das Kind herauslesen kann.

Wenn dieser sagt, er weiß gar nicht worum es geht, liegt wohl ein Verstoß gegen Art. 6 des Grundgesetzes vor.

2.12. Zu kurze Begründung

Auch eine zu kurze Begründung kann ein Hinweis auf eine falsche Entscheidung sein:

„Die Ausführungen des Amtsgerichts zur Begründung einer Kindeswohlgefährdung durch den *Beschwerdeführer sind gemessen an der enormen Tragweite der Entscheidung für Kind und Vater – auch im Vergleich zu sonstigen, regelmäßig besonders ausführlichen, familiengerichtlichen Entscheidungen zu ähnlichen Sachverhalten – knapp gehalten. Die Ausführungen des Oberlandesgerichts sind mit 16 Zeilen sehr dürftig ausgefallen.*"

zitiert nach BVerfG, Beschluss der 1. Kammer des ersten Senats vom 19. November 2014 – 1 BvR 1178/14 – Rn. 25)

Natürlich postuliert das Bundesverfassungsgericht keine Mindestzahl an Zeichen, Worten oder Seiten, und tatsächlich waren es andere Fehler, die zur Aufhebung dieser Entscheidungen führten.

Aber es ist gleichwohl wichtig zu erwähnen, dass Richter auch nach Meinung des Bundesverfassungsgerichtes ihre Argumentation ausführlich zu Papier bringen müssen, eben weil eine enorme Tragweite durch den Eingriff in Artikel 6 des GG gegeben ist. Da reicht es eben nicht aus, zwischen Kaffee- und Zigarettenpause einmal seine Standardformulierung wiederzugeben.

Was ist jetzt eine gute Begründungsseitenzahl? Bei einer Hauptsacheentscheidung würde ich 20 Seiten als angemessen Betrachten, auch wenn das BVerfG schon 16 Zeilen als sehr dürftig bezeichnet. Alles unter 20 Seiten dürfte meistens und definitiv zu wenig sein (Ausnahmen beweisen die Regel, oft gibt es eindeutige Sachverhalte, die wenig Informationen fordern).
In der einstweiligen Anordnungsentscheidung, in der oft weniger Belege und Beweise zur Verfügung stehen, dürften 10 – 15 Seiten ausreichen – was selten genug erreicht wird.

Wer in Grundrechte eingreift, muss dies eben sorgfältig und ausführlich begründen.

Ob man freilich über mehr Papier bessere Qualität erzwingen kann, wage ich zu bezweifeln. Letztlich ist dies wieder eine Entscheidung, die es nie hätte mit dieser Begründung geben dürfen. Denn Richter werden genau hierfür bezahlt – man möchte sagen nicht so knapp, wie es manche Begründungen erscheinen lassen.

2.13. Ermittlungen erst beenden, wenn keine neuen Erkenntnisse zu erwarten sind

Die Amtsermittlung ist bis zum – bitteren – Ende durchzuführen:

„Der Amtsermittlungsgrundsatz verpflichtet das Gericht, im Rahmen pflichtgemäßen Ermessens alle zur Aufklärung des Sachverhalts dienlichen Ermittlungen anzustellen. Zwar braucht nicht jeder nur denkbaren Möglichkeit nachgegangen zu werden. Eine Aufklärungs- und Ermittlungspflicht besteht jedoch insoweit, als das Vorbringen der Beteiligten und der Sachverhalt als solcher bei sorgfältiger Prüfung hierzu Anlass geben. Die Ermittlungen sind erst dann abzuschließen, wenn von weiteren Ermittlungen ein sachdienliches, die Entscheidung beeinflussendes Ergebnis nicht mehr zu erwarten ist."

zitiert nach BGH, Beschluss des 12. Senats vom 17. Februar 2010
- XII ZB 68/09 - Rn. 28

Das Gericht kann also nicht aufhören zu ermitteln, wenn es für eine Begründung alle Beweise erhoben hat. Es muss solange ermittelt werden, bis man davon ausgehen kann, dass es keine weiteren Beweismöglichkeiten und Ergebnisse auch in die andere Richtung mehr gibt. Viele Gerichte verstoßen hiergegen und ermitteln nur „für" einen Sorgerechtsentzug und auch nur mit einem Gutachten.

Solange es aber möglich erscheint, dass Sachvortrag der Eltern zu einer anderen Bewertung nach Beweisen führt, muss dem eben nachgegangen werden. Nur rein fern liegende, absurde Behauptungen müssen dabei nicht überprüft werden. Deshalb empfehle ich in solchen Sachen immer, dass die Menschen Beweise zur Akte reichen, Zeugenaussagen z. B.
Es ist immer leichter, einen Zeugen nicht zu hören, als dessen schriftliche Aussage zu übergehen.

2.14. Eltern können frei von staatlichem Einfluss entscheiden

Eltern entscheiden und niemand sonst – so kann man den BGH zusammenfassen:

„Bei der Auslegung und Anwendung dieser Norm ist der besondere Schutz zu beachten, unter dem die Familie nach Art. 6 Abs. 1 und 2 GG steht. Art. 6 Abs. 2 Satz 1 GG garantiert den Eltern das Recht auf Pflege und Erziehung. Die Erziehung des Kindes ist damit primär in ihre Verantwortung gelegt, wobei dieses "natürliche Recht" den Eltern nicht vom Staat verliehen worden ist, sondern von diesem als vorgegebenes Recht anerkannt wird. Die Eltern können grundsätzlich frei von staatlichen Einflüssen und Eingriffen nach eigenen Vorstellungen darüber entscheiden, wie sie die Pflege und Erziehung ihrer Kinder gestalten und damit ihrer Elternverantwortung gerecht werden wollen. In der Beziehung zum Kind muss aber das Kindeswohl die oberste Richtschnur der elterlichen Pflege und Erziehung sein (Senatsbeschluss vom 6. Juli 2016 - XII ZB 47/15 - FamRZ 2016, 1752 Rn. 21 f. m.w.N)."

zitiert nach BGH vom 23.11.2016, XII ZB 149/16, Rn. 15

Es sind eben die Eltern, die Entscheidungen treffen, und das vor allem ohne Einfluss des Staates – wenn es denn so in Echt immer wäre! Stattdessen meinen Pädagogen und Verfahrensbeistände, die besseren Eltern zu sein und verkennen dabei die Wechselwirkung des Wächteramtes: Nur bei drohender Gefahr, nicht bei Besserwisserei ist ein staatlicher Eingriff möglich. Es gibt oft mehrere mögliche Entscheidungen und solange Eltern solche wählen, die vertretbar sind und dem Kind nicht schaden, entscheiden sie über das wie der Pflege und Erziehung und nicht andere. Dies gilt – solange es keine Pflichten hierzu gibt – für viele Erziehungsmöglichkeiten.

2.15. Bei der Feststellung einer Gefahr für das Kind kommt es auf die erforderlichen Maßnahmen zur Beseitigung nicht an

Da ist der BGH sehr systematisch:

„Für die Frage, ob eine Kindeswohlgefährdung vorliegt, kann das Gewicht der zur Beseitigung dieser Gefährdung zu treffenden Maßnahme nach § 1666 BGB hingegen keine Bedeutung erlangen. Erst wenn eine Kindeswohlgefährdung feststeht, stellt sich die Frage nach der erforderlichen und geeigneten Maßnahme und nach deren Verhältnismäßigkeit (BeckOK BGB/Veit 1. November 2011] § 1666 Rn. 12; Staudinger/Coester BGB [2016] § 1666 Rn. 92; a.A. BeckOGK BGB/Burghart [Stand: 1. Juli 2016] § 1666 Rn. 86; Gernhuber/Coester-Waltjen Familienrecht 6. Aufl. § 57 IX Rn. 106).)"

zitiert nach BGH vom 23.11.2016, XII ZB 149/16, Rn. 20

Man darf das Pferd also nicht von Hinten aufzäumen. Zuerst muss man klären, ob eine Gefahr für das Kind vorliegt. Erst danach muss man sehen, ob eine Beseitigung durch verhältnismäßige Maßnahmen vorliegt. Für mich ist das eine eher unbedeutende Entscheidung, die ich trotzdem insoweit aufgenommen habe, weil sie deutlich macht, dass man sauber formulieren muss. Eine Kindswohlgefahr entfällt nicht, weil es keine verhältnismäßigen Mittel der Beseitigung gibt. Nur ein Eingriff bleibt unzulässig. Dies wird oft von Richtern und Anwälten falsch formuliert. Mit einer exakten Abgrenzung verdeutlicht man hier sein faktisch vertieftes Fachwissen.

2.16. Neigungen, Bindungen und Kindeswille sind gewichtige Gesichtspunkte des Kindeswohls

Leider definiert das deutsche Gesetz das Kindeswohl nicht, weshalb der Bundesgerichtshof partiell dazu ausführen muss (nicht abschließend):

„Die Neigungen, Bindungen und der Kindeswille sind gewichtige Gesichtspunkte des Kindeswohls (Senatsbeschlüsse vom 15. Juni 2016 - XII ZB 419/15 - FamRZ 2016, 1439 Rn. 44 und BGHZ 185, 272 = FamRZ 2010, 1060 Rn. 19)."

zitiert nach BGH vom 01.02.2017, XII ZB 601/15

Was will das Kind, mit wem ist es verbunden und welche Neigungen werden wo gefördert? Dem gibt es nichts hinzuzufügen, außer natürlich dass der österreichische Gesetzgeber hier in weiser Voraussicht besser gearbeitet hat:

„*Wichtige Kriterien bei der Beurteilung des Kindeswohls sind insbesondere*
1. eine angemessene Versorgung, insbesondere mit Nahrung, medizinischer und sanitärer Betreuung und Wohnraum, sowie eine sorgfältige Erziehung des Kindes;
2. die Fürsorge, Geborgenheit und der Schutz der körperlichen und seelischen Integrität des Kindes;
3. die Wertschätzung und Akzeptanz des Kindes durch die Eltern;
4. die Förderung der Anlagen, Fähigkeiten, Neigungen und Entwicklungsmöglichkeiten des Kindes;
5. die Berücksichtigung der Meinung des Kindes in Abhängigkeit von dessen Verständnis und der Fähigkeit zur Meinungsbildung;
6. die Vermeidung der Beeinträchtigung, die das Kind durch die Um- und Durchsetzung einer Maßnahme gegen seinen Willen erleiden könnte;
7. die Vermeidung der Gefahr für das Kind, Übergriffe oder Gewalt selbst zu erleiden oder an wichtigen Bezugspersonen mitzuerleben;
8. die Vermeidung der Gefahr für das Kind, rechtswidrig verbracht oder zurückgehalten zu werden oder sonst zu Schaden zu kommen;
9. verlässliche Kontakte des Kindes zu beiden Elternteilen und wichtigen Bezugspersonen sowie sichere Bindungen des Kindes zu diesen Personen;
10. die Vermeidung von Loyalitätskonflikten und Schuldgefühlen des Kindes;
11. die Wahrung der Rechte, Ansprüche und Interessen des Kindes sowie
12. die Lebensverhältnisse des Kindes, seiner Eltern und seiner sonstigen Umgebung."

Diese im Ausland klare Rechtslage kann man meines Erachtens sehr gut bei der Begründung auch in Deutschland verwenden, insbesondere auch im Hinblick auf die oben 2.10. zitierte Entscheidung. Denn viele dieser Aspekte kann der Staat nicht oder nicht ausreichend garantieren. Daher sollte man hierauf ein argumentativ erhebliches Gewicht stellen. Deshalb gibt es auch noch die folgende, weitere Entscheidung.

2.17. Gewichtige Aspekte des Kindeswohles und Maß der Berücksichtigung

Weil der BGH auch selbst erkannt hat, dass seine unter 2.12. genannten Aspekte nicht ausreichen, wurde er nochmals deutlicher, auch zum Konkurrenzverhalten der Kindswohlkriterien miteinander:

*„Gewichtige Gesichtspunkte des Kindeswohls sind die Erziehungseignung der Eltern, die Bindungen des Kindes, die Prinzipien der Förderung und der Kontinuität sowie die Beachtung des Kindeswillens. Diese Kriterien stehen aber
nicht kumulativ nebeneinander. Jedes von ihnen kann im Einzelfall mehr oder weniger bedeutsam für die Beurteilung sein, was dem Kindeswohl entspricht.
Zu berücksichtigen sind dabei auch die durch Art. 6 Abs. 2 Satz 1 GG gewährleisteten Elternrechte (Senatsbeschluss BGHZ 185, 272 = FamRZ 2010, 1060 Rn. 19 f.)."*

zitiert nach BGH vom 15.06.2016, Az. XII ZB 419/15, Rn. 20

Es gilt also nicht der Grundsatz: Mehr Rechte verletzt ist schwerer zu widerlegen. Denn wenn viele Kriterien für einen Verbleib sprechen, dort aber das körperliche Wohl nicht garantiert ist, kann man ein Kind trotzdem herausnehmen müssen, auch wenn das viele Eltern ungern lesen möchten.

Im Alltag heißt das: Sorgfältig arbeiten, alle Argumente benennen, die für einen Verbleib zuhause sprechen, sich nicht auf eines verlassen. Hier steckt leider eine Domäne der richterlichen Beweisfindung und Abwägung, den man eben nur mit vielen Worten entgegentreten kann.

2.18. Milderes Mittel: Übertragung auf anderen Elternteil statt Entziehung

Es ist die Ultima ratio des deutschen Rechts: Die Entziehung der elterlichen Sorge. Daher gilt eine Übertragung auf den anderen Elternteil als milderes Mittel i.S. §1666a BGB:

"Maßnahmen nach §§ 1666, 1666a BGB sind für jeden Elternteil gesondert und es ist zudem auch eine Entscheidung nach (§ 1696 Abs. 1 BGB) § 1671 BGB als milderes Mittel zu prüfen."

zitiert nach OLG Hamm vom 13.02.2017, 3 UF 2/17, Rn. 48

Das gilt trotz der unterschiedlichen Maßstäbe bei der Bewertung der Übertragung auf den anderen Elternteil („welche Regelung der Sorge dem Kindeswohl besser entspricht" gegen „Was die Gefahr beseitigt").

2.19. Auflagen von Sorgerechtsentzug

Auflagen gehen dabei dem Sorgerechtsentzug vor:

"Die Erforderlichkeit beinhaltet dabei das Gebot, aus den zur Erreichung des Zwecks gleich gut geeigneten Mitteln das mildeste, die geschützte Rechtsposition am wenigsten beeinträchtigende Mittel zu wählen. Der Staat muss daher vorrangig versuchen, durch helfende, unterstützende, auf Herstellung oder Wiederherstellung eines verantwortungsgerechten Verhaltens der Eltern gerichtete Maßnahmen sein Ziel zu erreichen (Senatsbeschluss vom 6. Juli 2016 - XII ZB 47/15 - FamRZ 2016, 1752 Rn. 22 m.w.N).

Die Verhältnismäßigkeit im engeren Sinne ist gegeben, wenn der Eingriff unter Berücksichtigung aller Umstände des Einzelfalls zumutbar ist. Hierbei ist insbesondere auch das Verhältnis zwischen der Schwere des Eingriffs und seiner Folgen, dem Gewicht des dem Kind drohenden Schadens und dem Grad der Gefahr zu berücksichtigen
Die - auch teilweise - Entziehung der elterlichen Sorge als besonders schwerer Eingriff kann daher nur bei einer nachhaltigen Gefährdung des Kindes mit einer höheren - einer ebenfalls im Einzelfall durch Abwägung aller Umstände zu bestimmenden ziemlichen - Sicherheit eines Schadenseintritts verhältnismäßig sein. Die Anordnung weniger einschneidender Maßnahmen kann dagegen bereits bei geringerer Wahrscheinlichkeit verhältnismäßig sein."

zitiert nach BGH XII ZB 149/16 vom 23.11.2016 - Rn. 27

2.20. Sachverhaltsklärung auch bei einstweiliger Anordnung

Auch bei Eilverfahren muss das Gericht ermitteln und den Sachverhalt aufklären:

„*Im Eilverfahren bemessen sich die Möglichkeiten des Gerichts, das Sorgerecht ohne abschließende Ermittlung des Sachverhalts zu entziehen, einerseits nach dem Recht des Kindes (Art. 2 Abs. 2 i.V.m. Art. 6 Abs. 2 Satz 2 GG), durch die staatliche Gemeinschaft vor nachhaltigen Gefahren geschützt zu werden, und andererseits insbesondere nach dem Recht der Eltern (Art. 6 Abs. 2 Satz 1 GG), von einem unberechtigten Sorgerechtsentzug verschont zu bleiben (vgl. BVerfG, Beschluss der 1. Kammer des Ersten Senats vom 7. April 2014 – 1 BvR 3121/13 -, juris, Rn. 22). Weil bereits der vorläufige Entzug der gesamten Personensorge einen erheblichen Eingriff in die Grundrechte der Eltern darstellt, sind grundsätzlich auch bei einer Sorgerechtsentziehung im Eilverfahren hohe Anforderungen an die Sachverhaltsermittlung zu stellen. Soll das Sorgerecht vorläufig entzogen werden, sind die Anforderungen an die Sachverhaltsermittlung umso höher, je geringer der möglicherweise eintretende Schaden des Kindes wiegt, in je größerer zeitlicher Ferne der zu erwartende Schadenseintritt liegt und je weniger wahrscheinlich dieser ist (vgl. BVerfG, Beschluss der 1. Kammer des Ersten Senats vom 7. April 2014 – 1 BvR 3121/13 -, juris, Rn. 23)."*

zitiert nach BVerfG 1 BvR 1202/17

Das versteht sich eigentlich von selbst, muss aber immer wieder gesagt werden. Dabei sollte sich niemand auf das Gericht verlassen. Machen Sie es dem Gericht einfach, geben sie ihm Beweise und Beweisanträge an die Hand.

2.21. Bindungstoleranz vor Kontinuität

Für mich eine der wichtigsten Entscheidungen der letzten Jahre:
„*Letztlich muss das Prinzip der Kontinuität in der Gesamtabwägung hier dahinter zurückstehen, dass der Vater nach den nachvollziehbaren und überzeugenden Feststellungen des Sachverständigengutachtens eine höhere Bindungstoleranz aufweist, während eine solche bei der Kindesmutter fehlt. Dem Vater gelingt es besser, die Mutter vor A nicht abzuwerten."*

Und weiter:

„Die voraussichtlichen Folgen des Loyalitätskonflikts schildert die Sachverständige eindrücklich: Als Folge werde es A nicht mehr gelingen, die Beziehung zu beiden Eltern zuzulassen, sondern er werde sich einseitig positionieren und den Kontakt zum Vater abbrechen. Er werde mit einem negativen Vaterbild leben müssen, was ihn auch in der Beziehung zur Mutter beeinträchtigen werde. Die Bewältigung seiner Entwicklungsaufgaben und seines Selbstbildes werde darunter leiden."

„Es besteht nach Auffassung des Senats, der sich den zutreffenden Ausführungen des Amtsgerichts diesbezüglich anschließt, daher nur dann die Chance, dass A beide Elternteile erhalten bleiben, wenn er bei seinem Vater lebt. Zwar ist dem Senat bewusst, dass die Sachverständige einen Wechsel zum Vater nicht empfohlen hat. Sie ging aber davon aus, dass der Elternkonflikt auch im Falle des Aufenthaltswechsels weiterhin fortbestünde, A also weiter in diesen involviert wäre und außerdem weiter die Wechsel zwischen den Eltern bewältigen müsste. Die Sachverständige hat jedoch auch ausgeführt, dass aufgrund der besseren Bindungstoleranz des Vaters die Beeinflussungen des Kindes im Falle des Wechsels zu diesem geringer seien, sodass eine Umgangsregelung mit Übernachtungen (bei der Mutter) gelingen könnte, wenn A außerhalb seines häuslichen Umfelds übernachten würde. A könnte dann von den Ressourcen in der Beziehung zum Vater stärker profitieren (S. 107 des Gutachtens). Der Senat ist davon überzeugt, dass A den Loyalitätskonflikt bei einem Verbleib bei der Mutter letztlich dadurch lösen würde, dass er den Kontakt zum Vater verweigert. Er teilt nicht die Auffassung der Sachverständigen, dass A grundsätzlich nicht außerhalb seines häuslichen Umfelds übernachtet, sondern geht davon aus, dass die Verweigerung der Übernachtungen beim Vater maßgeblich darauf zurückging, dass die Mutter ihre Ängste auf A übertrug. Diese Annahme wird auch dadurch gestützt, dass es - wenn auch nur mit Unterstützung der sozialpädagogischen Familienhilfe - im Verfahren letztlich gelang, A wieder zu Übernachtungen beim Vater zu motivieren. Der Senat geht daher davon aus, dass es den Eltern gelingen könnte, dass A vom Haushalt des Vaters aus unbelastet Umgänge mit seiner Mutter wahrnehmen und so von den Beziehungen zu beiden profitieren könnte."

zitiert je nach OLG Frankfurt am Main, Beschluss vom 11.03.2021, 6 UF 233/20, Rn. 34, 37, 41

Eltern, die es nicht schaffen, dass ihr Kind auch den anderen Elternteil lieben kann und darf, können genau deshalb alles verlieren. Und dieses Menetekel mag vielen dabei helfen, sich für den Kontakt mit beiden Eltern zu engagieren.

2.22 Gesamtbetrachtung

Letztlich hat das BverfG in dieser aktuellen Entscheidung die Voraussetzungen eines Sorgerechtsentzugs, also die obigen Nummern, zusammengefasst und vor allem eine Gesamtbetrachtung angemahnt:

„Eine solche nachhaltige Gefährdung des Kindes ist dann anzunehmen, wenn bei ihm bereits ein Schaden eingetreten ist oder sich eine erhebliche Gefährdung mit ziemlicher Sicherheit voraussehen lässt (vgl. BVerfG, Beschluss der 1. Kammer des Ersten Senats vom 10. Juni 2020 - 1 BvR 572/20 -, Rn. 22; Beschluss der 2. Kammer des Ersten Senats vom 7. März 2023 - 1 BvR 221/23 Rn. 10; stRspr).
Die negativen Folgen einer Trennung des Kindes von den Eltern und einer Fremdunterbringung sind dabei zu berücksichtigen (vgl. BVerfG, Beschluss der 1. Kammer des Ersten Senats vom 10. Juni 2020 - 1 BvR 572/20 Rn. 23 m.w.N.), und diese Folgen müssen durch die hinreichend gewisse Aussicht auf Beseitigung der festgestellten Gefahr aufgewogen werden, so dass sich die Situation des Kin-des in der Gesamtbetrachtung verbessert (vgl. BVerfG, Beschluss der 2. Kammer des Ersten Senats vom 23. April 2018 -1 BvR 383/18 -, Rn. 15 ff.). Zudem darf eine Trennung des Kindes von seinen Eltern nur unter strikter Beachtung des Grundsatzes der Verhältnismäßigkeit erfolgen (vgl. BVerfGE 60, 79 <89>; stRspr).

ab) Lässt sich unter Berücksichtigung des Vorgenannten eine erhebliche Gefährdung des Kindes mit ziemlicher Sicherheit voraussehen, hängt die verfassungsrechtliche Zulässigkeit eines auf die Trennung des Kindes von den Eltern gerichteten Entzugs des Sorgerechts nach §§ 1666, 1666a BGB von der Verhältnismäßigkeit dieses Eingriffs in das Elternrecht ab. Ver-fassungsrechtlich kommt es darauf an, dass der entsprechende Eingriff sich als geeignet, erforderlich und angemessen erweist (vgl. BVerfG, Beschlüsse der 1. Kammer des Ersten Senats vom 24. März 2014 - 1 BvR 160/14 -, Rn. 37; vom 22. Mai 2014 - 1 BvR 3190/13 -, Rn. 28 und vom 21. September 2020 - 1 BvR 528/19 -, Rn. 31).

ac) In verfahrensrechtlicher Hinsicht muss ein Kindschaftsverfahren in seiner Ausgestaltung geeignet und angemessen sein, eine möglichst zuverlässige Grundlage für eine am Kindeswohl ausgerichtete Entscheidung zu erlangen (vgl. BVerfGK 9, 274 <279>; 15, 509 <515 f.>) und damit der Durchsetzung der materiellen Grundrechtspositionen wirkungsvoll zu dienen (vgl. BVerfGE 84, 34 <49>). Diesen Anforderungen werden die Gerichte nur gerecht, wenn sie sich mit den Besonderheiten des Einzelfalles auseinandersetzen, die Interessen der Eltern sowie deren Einstellung und Persönlichkeit würdigen und auf die Belange des Kindes eingehen (vgl. BVerfGE 31, 194 <210>).

ad) Mit den vorgenannten materiell- und verfahrensrechtlichen Maßgaben des Grundgesetzes korrespondieren außerdem Anforderungen an die Begründung der fachgerichtlichen Entscheidung (vgl. BVerfG, Beschlüsse der 1. Kammer des Ersten Senats vom 14. Juni 2014 -1 BvR 725/14 -, Rn. 24 und 26 f.; vom 19. November 2014 -1 BvR 1178/14 -, Rn. 37 m.w.N.; vom 19. Juni 2020 - 1 BvR 1284/20 -, Rn. 3 und vom 24. November 2020 - 1 BvR 2318/19 -, Rn. 24; jeweils zu Art. 6 Abs. 3 GG). Bewirkt eine auf der Grundlage von § 1666 BGB getroffene familiengerichtliche Entscheidung eine Trennung des Kindes von seinen Eltern, folgt aus dem Verhältnismäßigkeitsgrundsatz wegen der hohen Eingriffsintensität die Verpflichtung der Fachgerichte, die dem Kind drohenden Schäden ihrer Art, Schwere und Eintrittswahrscheinlichkeit nach konkret zu benennen (vgl. BVerfG, Beschlüsse der 1. Kammer des Ersten Senats vom 10. Juni 2020 - 1 BvR 572/20 -, Rn. 23 und vom 19. Juni 2020 - 1 BvR 1284/20 -, Rn. 3).

ee) Stellt sich die Frage der Trennung des Kindes von seinen Eltern oder des Aufrechterhaltens einer Trennung zur Abwendung einer nachhaltigen Kindeswohlgefährdung, be-steht wegen des sachlichen Gewichts der teils parallelen, teils gegenläufigen Grundrechte der Beteiligten Anlass, über den grundsätzlichen Prüfungsumfang hinauszugehen, zumal die Entscheidung über eine Trennung für alle Beteiligten von existenzieller Bedeutung sein kann (vg 1. BVerfGE 60, 79 <90 f.>; 136, 382 <391 Rn. 28>; stRspr).

Die fachgerichtlichen An-nahmen zu der Frage, ob die Voraussetzungen für eine Trennung des Kindes von seinen Eltern im Einzelfall erfüllt sind, unterliegen wegen des besonderen Eingriffsgewichts einer strengen verfassungsgerichtlichen Überprüfung. Sie beschränkt sich nicht darauf, ob eine angegriffene Entscheidung Fehler erkennen lässt, die auf einer grundsätzlich unrichtigen Anschauung von der Bedeutung des Grundrechts beruht (vgl. BVerfGE 18, 85 <93>), sondern erstreckt sich auch auf einzelne Auslegungsfehler (vgl. BVerfGE 60, 79 <91>) sowie auf deutliche Fehler bei der Feststellung und Würdigung des Sachverhalts (vgl. BVerfGE 136, 382 <391 Rn. 28>; BVerfG, Beschluss der 2. Kammer des Ersten Senats vom 25. April 2023 - 1 BvR 619/23-, Rn. 15; stRspr).

b) Die angegriffene Entscheidung, die hinsichtlich des Sorgerechtsentzugs für alle drei Kinder an dem vorstehend ausgeführten strengen Maßstab zu prüfen ist (aa), genügt den verfassungsrechtlichen Anforderungen an einen vollständigen Entzug des Sorgerechts hier in mehrfacher Hinsicht nicht. Das Oberlandesgericht hat zwar die rechtlichen Vorauset-zungen für den angeordneten Sorgerechtsentzug zutreffend dargelegt. Es hat aber nicht hinreichend begründet, dass diese Voraussetzungen auf der Grundlage der getroffenen Feststellungen und deren Würdigung hier vorliegen."

zitiert nach BverfG 1 BvR 1037/23 vom 17.11.2023

Dazu kann man also eigentlich nichts mehr sagen als es so schulbuchmäßig zitieren und abarbeiten.

2.23 PAS alleine reicht nicht als Begründung

Wer alleine PAS oder Eltern-Kind-Entfremdung als Begründung für einen Sorgerechtsentzug heranzieht, verkennt, dass das nicht ausreicht:

„Die Entscheidung stellt sich derzeit auch nicht aus anderen Gründen einfachrechtlich als zutreffend dar. Mit der vom Oberlandesgericht herangezogenen Eltern-Kind-Entfremdung wird auf das überkommene und fachwissenschaftlich als widerlegt geltende Konzept des sogenannten Parental Alienation Syndrom (kurz PAS) zurückgegriffen. Das genügt als hinreichend tragfähige Grundlage für eine am Kindeswohl orientierte Entscheidung nicht. Soweit ersichtlich besteht nach derzeitigem Stand der Fachwissenschaft kein empirischer Beleg für eine elterliche Manipulation bei kindlicher Ablehnung des anderen Elternteils oder für die Wirksamkeit einer Herausnahme des Kindes aus dem Haushalt des angeblich manipulierenden Elternteils (vgl. umfassend Zimmermann/Fichtner/ Walper/Lux/Kindler, in: ZKJ 2023, S. 43 ff., und dies. in: ZKJ 2023, S. 83 ff.)."

zitiert nach BVerfG 1 BvR 1076/23, Beschluss vom 17.11.2023

Ich sehe die Entscheidung zwar als kritisch, weil die im zitierten Aufsatz benannte Alternativbezeichnung „Kontaktprobleme" das Phänomen contra die Entscheidung des BverfG doch bejaht. Aber liest man die Entscheidung genau, dann kommt man eben auch zu dem Ergebnis, dass „nur" die Entfremdung nicht ausreicht, man also einfach die weiteren Voraussetzungen der Entwicklung des Kindes, gesundheitliche oder schulische Probleme aufzeigen muss.

Was nicht zum Sorgerechtsentzug reicht

3. Was nicht zum Sorgerechtsentzug reicht

3.1. Ein Defizit alleine ist keine Begründung für eine Maßnahme

Nicht alles darf dazu führen, dass der Staat einschreitet: Nicht jedes Defizit ohne Auswirkung führt zu einem Eingriff ins Sorgerecht:

„Beide Entscheidungen benennen in ihren sehr knappen Ausführungen lediglich angebliche Defizite in der Lebenssituation, dem Verhalten und den Einstellungen des Beschwerdeführers. Ob und wie sich diese auf das Kind nachteilig ausgewirkt haben oder künftig auswirken könnten, wird nicht erläutert."

Zitiert nach BVerfG, Beschluss der 1. Kammer des ersten Senats vom 19. November 2014 – 1 BvR 1178/14 – Rn. 38)

Der Staat hat nicht das Recht, seine Idealvorstellung von Erziehung auf die Eltern zu übertragen. Ein Erziehungsdefizit ohne Benennung ob und wie sich dieses negativ auswirkt darf, nicht zu Sorgerechtsentzügen führen.

Eine inkonsequente Erziehung ohne echte Sanktionen wäre so ein Defizit der Erziehungswissenschaften, das aber letztlich nicht zwingend zu einer negativen Entwicklung des Kindes führen muss.

3.2. Nicht jedes Versagen reicht zum Sorgerechtsentzug

Eltern dürfen auch Fehler machen – so könnte die folgende Entscheidung des Bundesverfassungsgerichts umschreiben:

"Danach dürfen Kinder gegen den Willen des Sorgeberechtigten nur von der Familie getrennt werden, wenn die Erziehungsberechtigten versagen oder wenn die Kinder aus anderen Gründen zu verwahrlosen drohen. Dabei berechtigen nicht jedes Versagen oder jede Nachlässigkeit der Eltern den Staat auf der Grundlage seines ihm nach Art. 6 Abs. 2 Satz 2 GG zukommenden Wächteramts, die Eltern von der Pflege und Erziehung ihres Kindes auszuschalten oder gar selbst diese Aufgabe zu übernehmen (vgl. BVerfGE 24, 119 ; 60, 79). Es gehört nicht zur Ausübung des Wächteramts des Staates, gegen den Willen der Eltern für eine bestmögliche Förderung der Fähigkeiten des Kindes zu sorgen."

zitiert nach BVerfG, Beschluss der 1. Kammer des ersten Senats vom 24. März 2014 – 1 BvR 160/14 – Rn. 28

Nicht jede negative optimierungsbedürftige Situation rechtfertigt also ein staatliches Tätigwerden. Solange Fehler sich nicht auswirken, sind diese dem staatlichen Zugriff entzogen.
Das ist insoweit ja auch richtig, weil es oftmals in Situationen verschiedene Entscheidungsmöglichkeiten der Eltern gibt und die Eltern eben nicht Angst haben sollen zu entscheiden, weil eine Fehlentscheidung Konsequenzen haben könnte. Es gibt ja oft auch nicht „die" richtige Entscheidung. Wir können auf dem Papier immer alles besser entscheiden oder besser machen. Aber Eltern müssen nur eine, nicht die richtige Entscheidung treffen. Der Staat verkennt hier oft, dass er als Jugendamt eben nicht der bessere Erzieher ist. Und etwas anders machen heißt nicht es falsch machen.

Relevant ist das eben auch bei Migrationshintergrund. Denn dort gibt es historisch-kulturell andere Verhaltens- und Erziehungsweisen. Solange diese nicht gegen geltendes Recht verstoßen (gewaltfreie Erziehung), muss der Stadt diese tolerieren. Bisweilen muss er diese andere Art sogar aktiv fördern, wenn man in die UN Kinderrechtskonvention schaut: Der Staat ist dann nämlich verpflichtet, wenn eine Inobhutnahme oder Familienhilfe erfolgt, sicherzustellen, dass der kulturelle-soziale Hintergrund gewahrt bleibt.

3.3. Sorgerechtsentzug wegen Weigerung zurückzukehren

Ein Kind hat sich bei Pflegeeltern eingelebt und will jetzt nicht mehr nach Hause zurück. Kann das Gericht jetzt einfach das Sorgerecht entziehen?

„Ein Sorgerechtsentzug ist nicht wegen der Weigerung Ds, in den elterlichen Haushalt zurückkehren zu wollen, gerechtfertigt.

Im Rahmen von §§ 1666, 1666a BGB ist der Kindeswille zu berücksichtigen. Denn auch die Überwindung eines stark ausgeprägten konstanten Kindeswillens stellt eine Kindeswohlgefährdung dar (OLG Hamm, Beschluss vom 11. Juni 2012 – II-8 UF 270/10 Rn. 69).

Das Persönlichkeitsrecht des Kindes ist ebenso wie das Elternrecht grundgesetzlich geschützt. Es gilt, eine Abwägung dieser Rechte vorzunehmen.

Vorliegend überwiegt das Elternrecht. Allein der Wille des Kindes rechtfertigt keinen Sorgerechtsentzug. Denn die Haltung des Kindes ist nicht nachvollziehbar. Die von ihr erhobenen Vorwürfe bestreiten die Kindeseltern detailliert und können sie teils sogar widerlegen (abgebrochener Zahn). Die körperlichen Übergriffe durch den Kindesvater können nicht als tatsächlich geschehen unterstellt werden.

Dabei übersieht der Senat nicht, dass z. B. das Aufritzen der Arme auf eine psychische Erkrankung hindeuten kann. Auch scheint es der Jugendlichen seit der Inobhutnahme und den Wechsel in den Haushalt ihrer Halbschwester emotional besser zu gehen als in dem elterlichen Haushalt – ihre Schulnoten verbesserten sich und sie fand sozialen Anschluss in ihrer neuen Schule.

Jedoch sind die Kindeseltern bereit, den emotionalen Bedürfnissen von D und ihrem Willen Rechnung zu tragen. Sie erklärten explizit und mehrfach, dass sie D zunächst in einer Therapiestelle unterzubringen beabsichtigen, um die Beweggründe und Belastungen von D festzustellen, zu analysieren und sodann bearbeiten zu können. Ihre Bereitschaft, im Interesse ihrer Tochter zu handeln, demonstrierten die Kindeseltern auch in der mündlichen Verhandlung vom 9.3.2015. Die Kindeseltern sahen zunächst von einer Antragstellung im einstweiligen Anordnungsverfahren ab, damit D wieder Vertrauen zu ihnen fassen kann und die Ergänzungspflegerin einen geordneten Wechsel der Pflegestelle und die Aufnahme einer Therapie veranlassen kann. Trotz entsprechender Zusagen in der mündlichen Verhandlung vom 9.3.2015 wurden diese Maßnahmen durch die Ergänzungspflegerin in der Folgezeit nicht umgesetzt.

Die Vorbehalte der Kindeseltern, D nicht länger in der Familie der Halbschwester zu belassen, sind nachvollziehbar. Dort findet keine fachliche Aufarbeitung der offensichtlich vorhandenen Probleme von D statt und die persönlichen Interessen der Halbschwester, deren Beziehung zu den Kindeseltern teilweise ebenfalls problematisch war oder ist, sind ungeklärt."

zitiert nach OLG Hamm, Beschluss des 4. Senats vom 22. Juni 2015 – 4 UF 16/15 – Rn. 39ff.

Eltern müssen sich nicht einen Teil der elterlichen Sorge entziehen lassen, nur weil sich ein Kind weigert in den elterlichen Haushalt zurückzukehren. Dies gilt umso mehr als wenn Eltern aus Rücksicht auf das Kind mit einer Fremdunterbringung einverstanden sind. Oft fragt man sich sowieso, ob diese Entscheidung des Kindes freiwillig getroffen wurde oder nicht Ergebnis einer Entfremdung ist. Weigert sich ein Kind nach Hause zu kommen, muss nicht gleich mit dem Mittel des Sorgerechtsentzuges reagiert werden – sagt das OLG Hamm.

3.4. Bloße Probleme und Zukunftsprognosen reichen nicht aus

Es reicht eben nicht aus, dass etwas in einer Familie schief läuft, um das Sorgerecht zu entziehen. Das kann nicht oft gesagt werden. Niemand muss Super-Mom oder Super-Dad sein. Es reicht, sein bestes zu geben:

„Der hierfür gegebenen Begründung, eine Kooperation in gesundheitlichen Fragen sei zwischen den Pflegeeltern, dem Jugendamt und den Eltern nicht zu erwarten, liegen keine entsprechenden Feststellungen zugrunde. Konkrete Anhaltspunkte dafür, dass die allein sorgeberechtigte Mutter in gesundheitlichen Fragen ihre Kooperation verweigern würde und damit eine Gefährdung des Kindeswohls verbunden wäre, sind nicht festgestellt. Sie ergeben sich insbesondere nicht aus den Problemen bei der Durchführung der Umgangskontakte, die maßgeblich durch den leiblichen Vater des Kindes verursacht sein sollen."

zitiert nach BGH, Beschluss des 12. Senats vom 22. Januar 2014 - XII ZB 68/11 - Rn. 31

Probleme darf es geben. Wenn diese aber a) nichts mit dem Grund des Sorgerechtsentzuges zu tun haben und b) keine konkreten Tatsachen zugrunde liegen, darf ein Gericht (noch) nicht tätig sein. Die elterliche Sorge ist ein hohes Gut, nur wenn eine Gefährdung festgestellt wird, darf das Gericht loslegen.

3.5. Fehlende elterliche Feinfühligkeit reicht nicht aus

Was ist fehlende Feinfühligkeit überhaupt?

„Dessen ungeachtet führte ein geringes Maß an elterlicher Feinfühligkeit ohnehin nicht ohne Weiteres zu einer nachhaltigen, die Trennung rechtfertigenden Gefährdung des Kindeswohls."

Zitiert nach BVerfG, Beschluss der 1. Kammer des ersten Senats vom 19. November 2014 – 1 BvR 1178/14 – Rn. 46

Dieses spannende Thema stellt sich immer wieder: Man wirft mit Begriffen um sich, die selbst eigentlich nicht greifbar sind, und sagt, dann dass man hierauf einen Sorgerechtsentzug gründet. Aber genau das gilt eben nicht. Nicht alles gefährdet das Kindswohl. Es kommt hier nicht auf Begrifflichkeiten an, sondern wie es sich auf ein Kind auswirkt. Und wer das nicht benennen kann, kann auch keine Gefahr behaupten.

3.6. Vage Ausführungen zur Gefahr reichen nicht

Das Gericht muss die Gefahr konkret begründen und benennen, vage Andeutungen reichen nicht aus.

„Vage Andeutungen, die wie hier eine Gefährdungssituation assoziativ in den Raum stellen („schütteln"), ohne den konkreten Sachverhalt zu beschreiben und auf sein tatsächliches Gefährdungspotenzial hin zu analysieren, genügen demgegenüber nicht."

zitiert nach BVerfG, Beschluss der 1. Kammer des ersten Senats vom 19. November 2014 – 1 BvR 1178/14 – Rn. 47

Es gibt nur wenige Sachverhalte, die direkt, aus dem Zusammenhang gerissen und ohne Erläuterungen eine Kindswohlgefahr darstellen, weshalb es wichtig ist, dass das Gericht hier über pauschale Aussagen hinaus konkrete Aussagen trifft. Das gilt meiner Meinung nach explicit auch und gerade für Schläge. Das ASD Handbuch – führt hierzu in Rn. 8 in Kapitel 5 aus:

„Körperliche Bestrafungen von Kindern sind in Deutschland nach § 1631 BGB untersagt. Jedoch sind körperliche Strafen, die mit einem geringen Einsatz von Zwang oder Gewalt verbunden sind, kein Verletzungsrisiko bergen und für das Kind erkennbar erzieherischen Zwecken dienen, von körperlichen Kindesmisshandlungen deutlich zu trennen. Nach gegenwärtigem Wissensstand sind solche Bestrafungen im Mittel auch regelhaft nicht mit erheblichen Beeinträchtigungen des Kindeswohls verbunden (Baumrind et al. 2002; Larzelere 2000). Sie sind jedoch ethisch kaum zu rechtfertigen, da körperliche Bestrafungen als Form der Disziplinierung keine besonderen Vorteile aufzuweisen scheinen und Eltern, die häufig zu diesem Mittel greifen, zumindest statistisch in einer erhöhten Gefahr stehen, ihr Kind in einer eskalierenden Disziplinierungssituation zu misshandeln (für eine Forschungsübersicht s. Gershoff 2002)."*

zitiert nach Kindler in Handbuch Kindswohlgefährdung nach § 1666 BGB und Allgemeiner sozialer Dienst, Kapitel 5, Rn. 8

Denn es muss zu erheblichen Beeinträchtigungen des Kindswohls kommen, einfache Eingriffe physischer Art reichen, soweit sie nicht permanent sind, nicht aus. Es gibt also nicht die Kindswohlgefährdende Handlung (im obigen Beispiel, über das das BVerfG entschied, war es ein einfaches Schütteln eines Kleinkindes, um dieses zu beruhigen), es gibt nur konkrete Abwägungen, was passiert ist und was bald passieren wird, wenn man nicht einschreitet. Deshalb darf hier das Gericht nicht pauschal argumentieren, sondern muss konkret in genau diesem Sachverhalt ausführen.

3.7. Manipulation und Bindungsintoleranz alleine reichen nicht

Nicht jede Manipulation oder Bindungsintoleranz reicht für einen Sorgerechtsentzug aus – egal was Psychologen so schreiben:

„Dessen ungeachtet begründete selbst eine negativ-manipulative Beeinflussung der Kinder gegen den anderen Elternteil, die zum völligen Kontaktabbruch führte, nicht ohne Weiteres eine die Fremdunterbringung rechtfertigende Kindeswohlgefahr. Eine Fremdunterbringung könnte nur dann auf eine fehlende Bindungstoleranz gestützt werden, wenn deshalb besonders gravierende Entwicklungseinbußen eingetreten oder zu erwarten wären, die die nachteiligen Folgen einer Trennung des Kindes von beiden Eltern überwögen."

zitiert nach BVerfG, Beschluss der 1. Kammer des ersten Senats vom 19. November 2014 – 1 BvR 1178/14 – Rn. 50)

Das Bundesverfassungsgericht stellt also klar, dass die oft zitierte fehlende Bindungsintoleranz nicht ausreicht, um das Sorgerecht zu entziehen. Nur wenn diese zu besonderen, gravierenden Entwicklungseinbußen führt, also dauerhafte Schäden beim Kind vorhanden sind, die zudem noch schlimmer wären als die bloße Trennung vom Kind, kann eine Bindungsintoleranz zu einer Entziehung führen. Dass dies mit einer großen Problematik an Feststellungen verbunden ist, versteht sich dabei von selbst. Das kann aber nichts daran ändern, dass eben – wie auch in anderen Entscheidungen deutlich – nur dieses Stichwort oft ausreicht, um Kinder wegzunehmen – rechtswidrig. Natürlich öffnet diese Entscheidung auch Tür und Tor für Missbrauch durch Eltern. Aber sie hat gegen einige Gutachten auch eine sehr positive Aussage: Manches kann, nichts muss. Und das ist auch gut so.

3.8. Nur konkrete Verdachtsmomente rechtfertigen Maßnahmen

Der Bundesgerichtshof weist die anderen Gerichte eindringlich darauf hin, dass nicht jede abstrakte, theoretische Gefahr für Maßnahmen nach § 1666 BGB ausreichen:

„Die Annahme einer hinreichenden Wahrscheinlichkeit muss in jedem Fall auf konkreten Verdachtsmomenten beruhen. Eine nur abstrakte Gefährdung genügt nicht."

zitiert nach BGH vom 06.02.2019, XII ZB 408/18, Rn. 26

So einfach geschrieben in 2 Sätzen. Und doch wird es so oft falsch gemacht. Konkrete Verdachtsmomente werden oft nicht benannt, sondern oft nur vage Vermutungen. Diese sind aber nicht prüffähig und können daher auch nicht Grundlage einer Entscheidung sein. Zudem muss ergänzend hinterfragt werden, ob die theoretische Gefahr - eine solche ist jedem Leben immer immanent, endet doch auch jedes Leben nach vielen Jahren immer im Tod - auch eine konkrete ist, die sich realisieren kann. Reine abstrakte Gedanken oder Befürchtungen, die man gern als „Helikoptern" bei Eltern diskreditiert, reichen also auch nicht für ein Jugendamt oder ein Gericht aus.

3.9. Gerüchte ohne konkrete Beweise reichen nicht für Sorgerechtsentzug

Immer wieder beschwere ich mich darüber, dass Behauptungen nicht ausreichen, sondern direkt oder indirekt bewiesen sein müssen. Das Verfassungsgericht Sachsen musste sich hiermit ebenfalls auseinandersetzen und fand deutliche Worte:

„Der Vorfall mit der CD war nach Aktenlage ein hinsichtlich der genauen Umstände unbestätigtes Gerücht, dass gegenüber der Beklagten einzig von der Tagesmutter verlautbart worden war. Was diese genau gehört und weitergesagt hatte, konnte in der Beweisaufnahme vor dem Landgericht nicht abschließend aufgeklärt werden. Weshalb aus dieser Mitteilung auf eine mit ziemlicher Sicherheit eintretende weitere und erhebliche körperliche Schädigung des Kindes hätte geschlossen werden können und inwieweit eine solche auf Gerüchten gegründete Annahme den Anforderungen an eine Gefährdungseinschätzung nach § 8a Abs. 1 Satz 1 SGB VIII genügt, ist aus den Ausführungen des Oberlandesgerichts nicht ersichtlich."

zitiert nach Verfassungsgerichtshof des Freistaates Sachsen, Vf. 68-IV-11 vom 12. Juli 2012, S. 8

Wenn man schon Behauptungen oder Gerüchte in die Welt setzt, dann muss man diese auch beweisen können. Es reicht nicht, wenn irgendwann irgendjemand etwas sagt, später aber keiner mehr weiß wie die Aussage zustande kam.

3.10. Willkürliche Schlüsse reichen nicht zum Sorgerechtsentzug

„*Als willkürlich stellt sich ebenfalls die Annahme des Oberlandesgerichts dar, dass „aus damaliger Sicht des Jugendamts ausreichend Anhaltspunkte für die Annahme"*
vorhanden gewesen seien, „*dass eine konkrete Gefahr für Leib und Leben des Kleinkindes bestand und in diesem Rahmen ein unverzügliches Tätigwerden erforderlich war". Diese Feststellung ist bei verständiger Würdigung der die Verfassung beherrschenden Gedanken nicht verständlich.*
(1) Ein Anhaltspunkt dafür, dass Leib und Leben der Beschwerdeführerin zu 1) gefährdet gewesen sein könnten, ergab sich insbesondere nicht ohne Weiteres aus dem „gewalttätigen" Streit zwischen dem Beschwerdeführer zu 2) und der Kindesmutter. Ausweislich des Polizeiberichts soll es während dieses Streits, von dem das Kind dem Anschein nach nichts mitbekommen habe, zu keinen Handgreiflichkeiten gekommen sein. Auch habe nicht festgestellt werden können, dass einer der Beteiligten unter Alkohol- oder Drogeneinfluss gestanden habe. „Gewalt" sei nur gegen zwei Möbel ausgeübt worden, ohne dass fremdes Gut geschädigt worden sei.
Dem Oberlandesgericht kann zwar darin zugestimmt werden, dass ein derartiger Kontrollverlust des Beschwerdeführers zu 2) eine beachtliche „Verhaltensauffälligkeit" darstellte, die ggf. auch ein Indiz für eine Beeinträchtigung der Erziehungsfähigkeit sein kann. Wie hieraus jedoch auf eine Gefahr für Leib und Leben des Kindes hätte geschlossen werden können, ist nicht erklärlich."

zitiert nach Verfassungsgerichtshof des Freistaates Sachsen, Vf. 68-IV-11 vom 12. Juli 2012, S. 8

Die Aussagen sprechen für sich: Kontrollverlust ist nicht gleichbedeutend mit Gefahr für Leib und Leben, wenn er sich nur gegen Gegenstände richtet.
Wenn ein Kind etwas nicht mitbekommt, dann ist es dadurch auch nicht betroffen und geschädigt.
Verhaltensauffälligkeiten reichen für eine Gefährdung allein nicht aus, soweit sie sich auf das Kind nicht auswirken. Reine Indizien auf Erziehungseinschränkungen reichen nicht aus.
Der Verfassungsgerichtshof bemängelt hier also alles: Dass man nichts hat und trotzdem ein Ergebnis produziert. Und deshalb wird auch die Höchststrafe ausgesprochen. Der Verfassungsgerichtshof spricht von Willkür. Dem ist nichts hinzuzufügen.

Verhältnismäßig und geeignet

4. Verhältnismäßig und geeignet

4.1. Abwägung festgestellte und negative Auswirkungen des Sorgerechtsentzugs

Auch dies ein Klassiker der vergessenen Argumente: Man muss bei der Gesamtabwägung nicht nur die angeblichen Vorteile einer Inobhutnahme berücksichtigen, insbesondere aber auch negative wie die Belastung der Trennung, Verlust Umfeld usw. Nur wenn die Vorteile die Nachteile überwiegen, ist eine Inobhutnahme gerechtfertigt, weil diese dann geeignet wäre Gefahren zu beseitigen:

„bb) Die Erforderlichkeit einer gerichtlichen Sorgerechtsentziehung nach § 1666 BGB schließt es ferner mit ein, dass die konkrete Maßnahme geeignet ist, um die Gefahr für das Kindeswohl zu beseitigen (Senatsbeschluss vom 12. März 1986 – IVb ZB 87/85 – NJW-RR 1986, 1264, 1265; Staudinger/Coester BGB [2009] § 1666 Rn. 212). An der Eignung fehlt es nicht nur, wenn die Maßnahme die Gefährdung des Kindeswohls nicht beseitigen kann. Vielmehr ist die Maßnahme auch dann ungeeignet, wenn sie mit anderweitigen Beeinträchtigungen des Kindeswohls einhergeht und diese durch die Beseitigung der festgestellten Gefahr nicht aufgewogen werden (vgl. Senatsbeschluss vom 11. Juli 1984 – IVb ZB 73/83 – FamRZ 1985, 169, 171 – zu § 1671 BGB – OLG Hamm FamRZ 2007, 1677; BayObLG FamRZ 1998, 1044; Staudinger/Coester BGB [2009] § 1666 Rn. 212 m.w.N; vgl. auch Gottschalk FPR 2007, 308, 309 f.).
Selbst wenn demnach die Maßnahme als solche für die Belange, in denen das Kindeswohl gefährdet ist, die erwünschten Wirkungen entfaltet, ist sie dennoch ungeeignet, wenn sie in anderen Belangen des Kindeswohls wiederum eine Gefährdungslage schafft und deswegen in der Gesamtbetrachtung zu keiner Verbesserung der Situation des gefährdeten Kindes führt."

zitiert nach BGH, Beschluss des 12. Zivilsenates vom 26. Oktober 2011 – XII ZB 247/11 – Rn. 25

Die allgemein bekannten Nachteile werden hier oft vergessen zu erwähnen, als ob die zwangsweise Wegnahme das Kind nicht belasten, teils schwer traumatisieren würde. Alle diese Abwägungen sind vor (!) Kindsherausnahme zu berücksichtigen. In den Beschlüssen, die ich bisher lesen musste ist solch eine Abwägung nicht vorhanden. Man tut so, als wäre eine Inobhutnahme immer nur positiv, was aber eben weder psychologisch, faktisch noch rechtlich so stimmt.

4.2. Ablehnenden Haltung des Jugendamtes reicht nicht, Richter muss prüfen

„Auch die Ausführungen des Amtsgerichts lassen nicht erkennen, dass die angenommene Kindeswohlgefährdung nicht durch mildere Mittel in Gestalt weiterer öffentlicher Hilfemaßnahmen abgewendet werden könnte. Das Amtsgericht sah sich insoweit an die Einschätzung des Jugendamts gebunden und hat es versäumt, selbständig zu ermitteln, ob öffentliche Hilfen tatsächlich geeignet waren, die Kindeswohlgefahr abzuwenden (aa). Die Eignung öffentlicher Hilfen war nicht allein durch die Weigerung des Jugendamts ausgeschlossen, der Beschwerdeführerin weitere Hilfen zu gewähren (bb).

(aa) Das Amtsgericht konnte nicht allein aufgrund der ungeprüft übernommenen Einschätzung des Jugendamts davon ausgehen, die Fortführung der Hilfemaßnahmen sei nicht geeignet, die Beschwerdeführerin in den Stand zu versetzen, ihrer Elternverantwortung gerecht zu werden. Dies hätte das Amtsgericht vielmehr eigenständig ermitteln müssen."

zitiert nach BVerfG, Beschluss der 1. Kammer des ersten Senats vom 24. März 2014 – 1 BvR 160/14 – Rn. 47-48)

Das Gericht muss sich selber ein Bild machen und ggf. Recherchieren, nicht blind auf das Jugendamt verlassen. Und: Das Jugendamt kann es niemals selbst in der Hand haben ob man eine Inobhutnahme durchführt oder nicht. Das Verneinen oder die tatsächliche Verweigerung von Kooperation kann in keine Richtung relevant sein. Das Gericht muss hier im Kindsinteresse objektiv eruieren, ob es andere Möglichkeiten der Problemlösung gibt. Das ist wieder mit Arbeit verbunden und hat viel mit der Ausstattung unserer Justiz mit Zuwenig Stellen zu tun – und mit Zuwenig interessierten Richtern an Kindern und dem emotional anspruchsvollen Job als Familienrichter.

4.3. Gericht muss öffentliche Hilfen prüfen, auch gegen das Jugendamt

Richter müssen ihre Arbeit selber machen und nicht blind auf das Jugendamt vertrauen, so interpretiere ich diese Entscheidung des Bundesverfassungsgerichtes:

„Das Amtsgericht durfte die Inanspruchnahme öffentlicher Hilfe *auch nicht deshalb als denkbares minderes Mittel außer Betracht lassen, weil die Durchführung einer vom Jugendamt abgelehnten Hilfemaßnahme praktisch nicht durchsetzbar wäre. Zwar ist ungewiss, ob das Familiengericht befugt ist, das Jugendamt zur Gewährung öffentlicher Hilfen zu verpflichten. Jedoch können die Personensorgeberechtigten den Anspruch auf Hilfen nach §§ 27 ff. SGB VIII grundsätzlich vor den Verwaltungsgerichten durchsetzen."*

zitiert nach BVerfG, Beschluss der 1. Kammer des ersten Senats vom 24. März 2014 – 1 BvR 160/14 – Rn. 52)

Oft setzen sich Gerichte und Jugendämter mit milderen Mitteln, die oft kontrollintensiver sind, nicht auseinander. Das Bundesverfassungsgericht schiebt dem einen Riegel vor:

Das Gericht muss selbst dann wenn es dem Jugendamt keine entsprechenden Vorschriften machen kann eigenständig prüfen und berücksichtigen, ob es mildere Maßnahmen gibt. Selbst wenn Eltern dann diese Maßnahme wiederum gerichtlich erstreiten müssten heißt dies nur, dass ein milderes Mittel existiert und damit das Gericht nicht einfach zum Sorgerechtsentzug greifen darf.

Die Realität freilich zeigt schon, dass Eltern selbst andere Mittel vortragen müssen.

4.4. Verbleibensanordnung statt Sorgeentzug

Man muss nicht immer die Sorge entziehen:

"Ergibt sich die Gefährdung des Kindeswohls allein daraus, dass das Kind zur Unzeit aus der Pflegefamilie herausgenommen und zu den leiblichen Eltern zurückgeführt werden soll, liegt in der Regel noch kein hinreichender Grund vor, den Eltern das Sorgerecht ganz oder teilweise zu entziehen (BayObLG FamRZ 2001, 563; OLG Hamm FamRZ 1998, 447, 448). Vielmehr reicht dann in der Regel die Verbleibensanordnung nach § 1632 Abs. 4 BGB zur Abwehr der Kindeswohlgefährdung aus."

zitiert nach BGH, Beschluss des 12. Senats vom 22. Januar 2014 – XII ZB 68/11 – Rn. 24

Eine Sorgerechtsentziehung ist bei Sozialisierung der Kinder an die Pflegeeltern dann nicht veranlasst, wenn eine Kindswohlgefahr nicht mehr besteht bzw. nur die künftige Trennung von den Pflegeeltern einen eigenständigen Gefährdungswert hat. Dann muss das Sorgerecht nicht entzogen werden, sondern es reicht aus, dass das Kind über eine Verbleibensanordnung bei den Pflegeeltern verbleiben muss, ohne korrespondierenden (Teil-)Sorgerechtsentzug.

Vereinfacht heißt das, dass Richter alles tun müssen, um einen Sorgerechtsentzug zu vermeiden. Alles was genauso effektiv ist, aber ohne Entzug auskommt, ist vorrangig. Das ist hier eben die Verbleibensanordnung.

4.5. Geeignet sind nur Maßnahmen, die Gefahren effektiv abwehren

„Geeignet sind nur solche Maßnahmen, die eine effektive Gefahrenabwehr gewährleisten (vgl. BVerfG, Beschluss der 1. Kammer des Ersten Senats vom 22. Mai 2014 - 1 BvR 3190/13 -, juris, Rn. 30; BGH, Beschluss vom 15. Dezember 2004 - XII ZB 166/03 -, FamRZ 2005, S. 344)."

zitiert nach BVerfG, Beschluss des ersten Senats vom 17. September 2016 – 1 BvR 1547/16, Rn. 30 f.

Es muss also nicht alles probiert werden, um Gefahren abzuwehren, es darf durchaus ein effektives Mittel genutzt werden und es muss nicht herumprobiert werden.
Diese Rechtsprechung entspricht auch der Strafrechtlichen bei Notwehr, wo man jede Handlung vornehmen darf, die eine Gefahr beseitigt, und zwar nicht erst nach mehreren versuchen.

Rückführung

5. Rückführung

5.1. Anwendung EMRK durch BverfG

Entscheidungen des Europäischen Gerichtshofs für Menschenrechte sind verbindlich:

"Indem das Landgericht einen Entschädigungsanspruch unter Verweis auf ein fehlendes Verschulden der handelnden Amtsträger verneint hat, ohne eine konventionsfreundliche Auslegung der § 839 BGB in Verbindung mit Art. 34 GG oder die Anwendung weiterer staatshaftungsrechtlicher Institute zu prüfen, verkennt es den Einfluss der Europäischen Menschenrechtskonvention und der Rechtsprechung des Europäischen Gerichtshofs für Menschenrechte auf die Anwendung des einfachen Rechts."

Und weiter:

"Die inhaltliche Auseinandersetzung mit dem Urteil und den Vorgaben, die sich aus der Europäischen Menschenrechtskonvention und der Rechtsprechung des Gerichtshofs ergeben, bleibt jedoch hinter den verfassungsrechtlichen Anforderungen zurück."

zitiert nach 1. Kammer des Bundesverfassungsgerichtes vom 19, Mai 2023, 2 BvR 78/22, Rn. 31

5.2. Rückführung so schnell es die Umstände erlauben

Darauf weist der Europäische Gerichtshof für Menschenrechte in der Entscheidung Kutzner /. Deutschland hin:

"67. The margin of appreciation to be accorded to the competent national authorities will vary in the light of the nature of the issues and the seriousness of the interests at stake, such as the importance of protecting the child in a situation in which its health or development may be seriously at risk and the objective of reuniting the family as soon as circumstances permit."

zitiert nach EGMR, Beschluss der 1. Kammer des ersten Senats vom 26. Februar 2002 – 46544/99 – Rn. 67

5.3. Herausnahmen sind zeitlich begrenzt:

Noch deutlicher wird der EGMR ab Randnummer 76:

"76. The Court further reiterates that a care order should in principle be regarded as a temporary measure, to be discontinued as soon as circumstances permit, and that any measures implementing temporary care should be consistent with the ultimate aim of reuniting the natural parents and the child (Olsson (no. 1), cited above, pp. 36-37, § 81). The positive duty to take measures to facilitate family reunification as soon as reasonably feasible will begin to weigh on the responsible authorities with progressively increasing force as from the commencement of the period of care, subject always to its being balanced against the duty to consider the best interests of the child (K. and T. v. Finland, cited above, § 178)."

zitiert nach EGMR, Beschluss der 1. Kammer des ersten Senats vom 26. Februar 2002 – 46544/99 – Rn. 76

Nach Auffassung des Europäischen Gerichtshofs für Menschenrechte sind Sorgerechtsmaßnahmen von zeitlich eingeschränkter Natur, mit dem ultimativen Ziel der Familienrückführung. Muss man mehr sagen als diese schlichte Weisheit zitieren? Sobald die Risiken übersehbar sind oder wegfallen, muss sich der Staat um Rückführung bemühen.

Leider wird der EGMR, obgleich seine Auslegung bindend ist, was Menschenrechte angeht, oft ignoriert. Dies gilt sogar, wenn Bußgelder gegen Deutschland verhängt werden: Was aber will man von einem Staat halten, der von anderen verlangt, dass sie sich an seine Regeln halten, während man selbst als Staat über diesen steht?

5.4. Rückführung muss vorrangiges Ziel sein

Die Rückführung muss immer vorrangiges Ziel sein:

„Der Europäische Gerichtshof für Menschenrechte hat wiederholt die mit der Inpflegenahme eines Kindes verbundene Intensität des Eingriffs in die Rechte der leiblichen Eltern sowie die einem regelmäßigen Umgang schon mit Blick auf das vorrangige Ziel einer Rückführung des Kindes zu seinen Eltern zukommende große Bedeutung betont und daher strenge Anforderungen an Beschränkungen des Umgangs formuliert (vgl. EGMR, Urteil der Großen Kammer vom 12. Juli 2001 – 25702/94 –, K. und T. v. Finnland, Rn. 155, 177 ff.; Urteil vom 26. Februar 2002 – 46544/99 –, K. v. Deutschland, Rn. 67, 76 ff.; Urteil vom 26. Februar 2004 – 74969/01 –, G. v. Deutschland, FamRZ 2004, 1456 <1458 f.>).“

zitiert nach BVerfG, Beschluss der 1. Kammer des ersten Senats vom 29. November 2012 – 1 BvR 335/12 – Rn. 24

Natürlich ist der Kinderschutz über allem anderen angesiedelt. Aber sobald es eben möglich ist muss eine Rückführung erfolgen. Insoweit schließt sich das Bundesverfassungsgericht der Rechtsprechung des Europäischen Gerichtshofs für Menschenrechte (siehe 5.1.) an.

Gleichzeitig findet sich in keinem Beschluss diese Rückführung als oberstes Ziel ausgeprägt, keine Aussagen wie man es erreicht oder wann. Rückführung müssen die Eltern ansprechen, das Amt spricht von sich aus nicht darüber.

5.5. Staatliche Verpflichtung zur Rückführung erschöpft sich nicht in öffentlichen Hilfen

Der Staat muss zurückführen.

„Mit beidem setzt sich das Gericht nicht auseinander, so dass sich nicht nachvollziehen lässt, warum den für die Weiterverfolgung der hier grundsätzlich gebotenen Rückkehroption sprechenden positiven Schilderungen der Umgangskontakte neben den negativen Berichten keine Bedeutung beigemessen wurde (...) Warum die Behörde gar nicht erst in Betracht gezogen hat, den Eltern zusätzliche Hilfen insbesondere im Hinblick auf die Stärkung ihrer Erziehungskompetenz zu gewähren, erschließt sich nicht, zumal das Jugendamt einerseits offenkundig erhebliche Zweifel an der bestehenden Kompetenz der Eltern hegte und andererseits von Verfassung wegen gehalten war, auf eine Rückkehr der Kinder hinzuarbeiten."

zitiert nach BVerfG, Beschluss der 1. Kammer des ersten Senats vom 22. Mai 2014 – 1 BvR 2882/13 – Rn. 50

Solange es also eine Chance auf Rückführung gibt, ist diese durch die Behörden zu unterstützen. Die alternativen Möglichkeiten sind daher weiter in Betracht zu ziehen. Der Staat darf also nicht Hilfe verweigern, um dann Rückführung zu verneinen. Sobald es positive Entwicklungen gibt, ist automatisch die Frage der Rückführung zu stellen. Der Staat hat eine Pflicht zur Rückführung.

5.6. Rückkehroption muss immer offen sein

Auch bei Dauerpflege ist Rückkehr immer offen zu halten.

„Mit dem Entzug von wesentlichen Teilbereichen der elterlichen Sorge hat das Oberlandesgericht ferner dem verfassungsrechtlichen Auftrag, auch bei eingeleiteter Dauerpflege eine Rückkehroption für das Kind offen zu halten, nicht hinreichend Rechnung getragen. In seine Abwägungsentscheidung hätte das Oberlandesgericht einbeziehen müssen, dass das Kind aufgrund einer akuten psychischen Erkrankung der Mutter und damit ohne deren Verschulden vom Jugendamt in Obhut genommen worden war. Gerade wenn die ursprüngliche Trennung des Kindes von seinen leiblichen Eltern auf einem unverschuldeten Versagen der Eltern beruht, muss nach Wegfall der Gründe für die Trennung verstärkt nach Möglichkeiten gesucht werden, um die behutsame Rückführung des Kindes zu erreichen. Das Oberlandesgericht hätte – gerade in Anbetracht des jungen Alters des Kindes – Anlass zu der Überlegung gehabt, wie ein Zueinanderfinden von Kind und leiblichen Eltern gelingen könnte."

zitiert nach BGH, Beschluss des 12. Senats vom 22. Januar 2014 – XII ZB 68/11 – Rn. 29

Auch hier ist den Ausführungen des Gerichtes nicht hinzuzufügen: Wenn elterliches (insbesondere unverschuldetes) Versagen zur Inobhutnahme geführt hat, muss bei weggefallenen Gründen die Rückkehroption geprüft und gezogen werden. Das Gericht muss zudem sich die Frage stellen, wenn noch Hindernisse bestehen, wie diese überwunden werden können, um eine Rückführung zu ermöglichen. Dies gilt im Übrigen von Amts wegen! Aber sicherer wäre es freilich, selbst einen Abänderungsantrag zu stellen. Freilich wird oft hier die neue Bindung des Kindes und eine Gefährdung des entsprechenden Wohles bei erneutem Wechsel eine Rolle spielen. Daher: Immer Kontakt zum Kind halten, das erhöht Rückführungschancen, die ihr rechtlich immer haben müsst.

5.7. Rückkehroption: Auch positives berücksichtigen

Nicht nur das Negative einer Beweislage, auch das Positive ist zu Berücksichtigen, und über allem steht die Rückkehroption, die allen Eltern offen stehen muss:

„Mit beidem setzt sich das Gericht nicht auseinander, so dass sich nicht nachvollziehen lässt, warum den für die Weiterverfolgung der hier grundsätzlich gebotenen Rückkehroption sprechenden positiven Schilderungen der Umgangskontakte neben den negativen Berichten keine Bedeutung beigemessen wurde."

zitiert nach BVerfG, Beschluss der 1. Kammer des ersten Senats vom 22. Mai 2014 – 1 BvR 2882/13 – Rn. 50

Erstaunlich, dass es hierzu überhaupt Ausführungen bedurfte. Richter argumentieren also zu oft nur am Negativen orientiert und verkennen das Positive. Genau wie in Beschlüssen nur das steht, was man braucht für sein Ergebnis, keine Abwägung. Manchmal fragt man sich, ob es Faulheit ist oder Inkompetenz, die zu dieser schlechten Arbeitsleistung führt.

5.8. Überprüfung behördlicher Maßnahmen durch Gericht

Eltern bleiben selbst nach Rechtsentzug Eltern, behördliche Entscheidungen sind immer prüfbar.

„Das den Eltern unverändert zustehende Grundrecht aus Art. 6 Abs. 2 Satz 1 GG gebietet indessen, auch in diesem Fall eine effektive Möglichkeit gerichtlicher Überprüfung der behördlichen Entscheidungen zu eröffnen. Mit Art. 6 Abs. 2 Satz 1 GG wäre es nicht zu vereinbaren, wenn im grundrechtssensiblen Bereich des Kindesschutzes eine Situation entstünde, in der behördliche Entscheidungen über die Gewährung öffentlicher Hilfen gerichtlicher Überprüfung entzogen wären. Das gilt erst recht dann, wenn diese Hilfen – wie hier – ein Mittel zur Abwendung der Trennung des Kindes von den Eltern sein können (§ 1666a Abs. 1 Satz 1 BGB), ohne deren Gewährung das Kind von den Eltern getrennt werden müsste."

zitiert nach BVerfG, Beschluss der 1. Kammer des ersten Senats vom 24. März 2014 – 1 BvR 160/14 – Rn. 52

Eigentlich eine Selbstverständlichkeit, diese Entscheidung. Dass behördliche Maßnahmen überprüfbar sind unterscheidet Rechtsstaaten von Willkürstaaten. Gleichzeitig zeigt diese Entscheidung, dass Deutschland offenbar nicht so aufgeklärt ist, wie es scheint, und nicht jeder für überprüfbare Entscheidungen ist.

Richter können also nicht nur die Auswahl einer Behörde überlassen, sondern müssen sich den dargebotenen Maßnahmen stellen und ggf. eingreifen. Leider wird auch dies selten bis nie von Amts wegen erfolgen, deshalb müsst Ihr die entsprechenden Anträge stellen.

5.9. Zumindest keine Geschwistertrennung

Selbst wenn eine Inobhutnahme unvermeidlich ist, weil Eltern Fehler gemacht haben, sind zumindest die Geschwisterkinder nicht zu trennen unabhängig davon, ob sie unterschiedlichen Bedarf haben:

„78. According to the applicants, the implementation of the care decision also gave rise to a violation of Article 8 (art. 8). They relied, inter alia, on the placement of the children separately and at a long distance from each other and their parents, on the restrictions on and the conditions of visits and on the conditions in the homes where the children were placed."

Und weiter

„81. As for the remaining aspects of the implementation of the care decision, the Court would first observe that there appears to have been no question of the children's being adopted. The care decision should therefore have been regarded as a temporary measure, to be discontinued as soon as circumstances permitted, and any measures of implementation should have been consistent with the ultimate aim of reuniting the Olsson family.

In point of fact, the steps taken by the Swedish authorities ran counter to such an aim. The ties between members of a family and the prospects of their successful reunification will perforce be weakened if impediments are placed in the way of their having easy and regular access to each other. Yet the very placement of Helena and Thomas at so great a distance from their parents and from Stefan (see paragraph 18 above) must have adversely affected the possibility of contacts between them. This situation was compounded by the restrictions imposed by the authorities on parental access; whilst those restrictions may to a certain extent have been warranted by the applicants' attitude towards the foster families (see paragraph 26 above), it is not to be excluded that the failure to establish a harmonious relationship was partly due to the distances involved. It is true that regular contacts were maintained between Helena and Thomas, but the reasons given by the Government for not placing them together (see paragraph 79 above) are not convincing. It is also true that Stefan had special needs, but this is not sufficient to justify the distance that separated him from the other two children."

„83. In conclusion, in the respects indicated above and despite the applicants' uncooperative attitude (see paragraph 26 above), the measures taken in implementation of the care decision were not supported by "sufficient" reasons justifying them as proportionate to the legitimate aim pursued. They were therefore, notwithstanding the domestic authorities' margin of appreciation, not "necessary in a democratic society".

zitiert nach EGMR, Plenarsitzung vom 24. März 1988 – Applikation no. 10465/83) – Rn. 79, 81, 83

Es sind eben keine ausreichenden Gründe für eine Geschwistertrennung ersichtlich und damit auch keine, Kinder zu weit von den Eltern weg zu platzieren.

Wenn Kinder alles verlieren, sollten sie zumindest sich selbst behalten.

Entscheidungen zu Gutachten

6. Entscheidungen zur Begutachtung

6.1. Gutachten auf ungeklärter Anknüpfungstatsachenbasis ist unverwertbar

Das Gericht hat zuerst den Sachverhalt zu ermitteln und die Anknüpfungstatsachen festzustellen und zu klären. Erfolgt eine Begutachtung entgegen dieser Regel, ist das Gutachten unverwertbar:

„Im Ausgangspunkt zu Recht hat das Beschwerdegericht allerdings die seitens des Amtsgerichts veranlasste Stellungnahme des psychologischen Sachverständigen, wonach das Kind aus psychologischer Sicht zum gegenwärtigen Zeitpunkt nicht zur Mutter zurückgeführt werden sollte, unberücksichtigt gelassen. Die Ergebnisse der Begutachtung konnten schon deshalb nicht ohne weiteres in die Würdigung einbezogen werden, weil der Sachverständige teilweise unzutreffende bzw. ungeklärte Anknüpfungstatsachen zugrunde gelegt hatte."

zitiert nach BGH, Beschluss des 12. Senats vom 17. Februar 2010 – XII ZB 68/09 – Rn. 42

Meine Top-Fundstelle, die in 99,9% aller Verfahren mit Gutachten relevant wird. Ich selbst habe nur in Überlingen und Dillingen/Donau je eine Richterin/Richter erlebt, die diesen Grundsatz beherzigt haben. Alle anderen legen gleich mit einem Gutachten los und warten gar nicht ab, ob vorab Tatsachen zu klären wären. Das OLG Karlsruhe in Freiburg hat, erwischt bei einer rechtswidrigen Handlungsweise, einfach gesagt, dass man die Anknüpfungstatsachen sehr wohl geprüft habe – trotz gegenteiliger Fakten, unerledigter Beweisangebote und umfangreichem Sachvortrag. So kann man sich sein Recht selbst schaffen, fernab von Gerechtigkeit und Gesetzen. Trotzdem muss man hierauf herumreiten: Erst prüfen und unter Beweis stellen, ggf. mit formeller Beweisaufnahme, und dann diese Fakten den Gutachter prüfen lassen. Natürlich kann man auch bei der Beweisaufnahme den Gutachter anwesend sein lassen, aber richtiger ist der erste Schritt, weil erst nach Klärung klar wird, ob man ein Gutachten braucht.

Diese Entscheidung muss jeder Familienrichter kennen, weil sie eine Blaupause ist, wie man damit umgeht, wenn Eltern nicht teilnehmen an einem Gutachten. Wer diese Entscheidung nicht kennt, hat keine Ahnung vom Familienrecht. Und trotzdem steckt hier mehr Weisheiten darin als nur der Fakt, dass man an Gutachten nicht teilnehmen muss.

6.2. Nichtteilnahme an Gutachten ist keine Beweisvereitelung

Vielleicht die wichtigste Aussage des Bundesgerichtshofs, mit einer oft verkannten Tragweite, aber auch einer Handlungsanweisung, wie man bei Gutachtensverweigerung der Eltern vorzugehen hat – ich hatte darauf bei 6.1. „ungeklärte Anknüpfungstatsachen" bereits hingewiesen:

„*Die Grundsätze der Beweisvereitelung können zwar auch im Verfahren der freiwilligen Gerichtsbarkeit entsprechend anwendbar sein, ohne dass dem der Amtsermittlungsgrundsatz entgegenstünde. Danach kann es Beweiserleichterungen bis hin zur Umkehr der Beweis- bzw. Feststellungslast zur Folge haben, wenn jemand seinem beweispflichtigen Gegner die Beweisführung schuldhaft erschwert oder unmöglich macht. Dabei vermag aber nur ein vorwerfbares, missbilligenswertes Verhalten den Vorwurf der Beweisvereitelung zu tragen, also ein Verhalten, das wider Treu und Glauben erfolgt und nach dem allgemeinen Rechtsempfinden als verwerflich erscheint.*
Im vorliegenden Verfahren können diese Grundsätze indes nicht herangezogen werden. Darin, dass die Mutter die Mitwirkung an einer Begutachtung verweigert hat, kann kein missbilligenswertes Verhalten gesehen werden. Wie vorstehend ausgeführt wurde, berührt eine sachverständige Exploration das Allgemeine Persönlichkeitsrecht eines Betroffenen, weshalb sich die Weigerung der Mutter letztlich als Ausübung ihrer Grundrechte darstellt. Würde ihre Weigerung als missbilligenswertes Verhalten gewertet, welches beweisrechtliche Nachteile nach sich zöge, läge in dieser Würdigung zugleich ein ungerechtfertigter Eingriff in das Allgemeine Persönlichkeitsrecht der Mutter."

zitiert nach BGH, Beschluss des 12. Senats vom 17. Februar 2010 – XII ZB 68/09 – Rn. 24-25

Niemand muss an einer Begutachtung mitwirken, weil es schlicht keine Rechtsgrundlage gibt. Dieses Verhalten kann nicht negativ gewürdigt werden. Stattdessen muss das Gericht den Elternteil anhören vor Gericht in Anwesenheit des Sachverständigen. Freilich müssen Eltern Fragen nicht (direkt selbst) beantworten und Sie können der Anwesenheit des Sachverständigen bei der Elternanhörung widersprechen.

Dies alles ersetzt auch nicht eine Beweisaufnahme des Gerichtes.

Bisher hat es noch jedes OLG akzeptiert, wenn Eltern sagen wir sprechen nur in Abwesenheit des Sachverständigen. Das Recht der Eltern auf Gehör geht hier vor. Der Gutachter kann ja notfalls das Protokoll „begutachten".

Oftmals aber wird die Weigerung, am Gutachten mitzuarbeiten, als psychologisch interpretierbar verwendet, was unzulässig ist. Dann heißt es zum Beispiel, dass ein Elternteil seine eigenen Interessen über diejenigen des Kindes stellen würde, es ihm also wichtiger wäre seine Rechte zu wahren als die Sicherheit des Kindes zu gewährleisten. Das ist in vielerlei Hinsicht Blödsinn und trotzdem kommt es genauso oft vor.
Zum einen liegt es auch im Interesse des Kindes, dass verfassungs- und normales Recht respektiert wird und insbesondere die Freiheit des Einzelnen, sich hier unter den Möglichkeiten, die das Gesetz vorsieht, die eine passende auszusuchen. Zum anderen ist es dem Gericht vorbehalten, nicht dem Psychologen, rechtliche Verhaltensweisen zu interpretieren.

6.3. Persönlicher Eindruck oder Gutachten

"Notwithstanding its concern, the Court of Appeal did not, in its decision, sufficiently discard those concerns and did not deal in detail with the fact that all of the further observations before it, not only by the Youth Office and the guardian ad litem but also by the custodian for implementing contact, had recommended ordering a psychologist's expert opinion. Moreover, nothing in the Court of Appeal's decision corroborates the Government's allegation that the Court of Appeal had refrained from hearing the child again and from ordering an expert opinion in order to spare L. additional psychological stress (a contrario Sahin, cited above, § 74). In these circumstances, and taking into account the importance of the subject matter - namely the relationship between a father and his child - the Court is not convinced that the Court of Appeal has taken its decision on the basis of sufficiently established facts in relying on the written minutes of the child's hearing without having at its disposal either a psychologist's expert evidence or a personal oral impression of L. in order to evaluate the child's statements and the possibilities at hand to re-establish contact (see Elsholz, cited above, §§ 52-53; and contrast, Sommerfeld, cited above, § 74)."

zitiert nach EGMR, Beschluss der 1. Kammer des Ersten Senats vom 24 October 2023 - 48698/21 - Rn. 15

Insbesondere bei Manipulationsverdacht ist in der Regel ein Gutachten einzuholen (oder zumindest das Kind persönlich anzuhören). Bei schwierigen Fakten ist m.E. aus der Entscheidung Sioud gegen Deutschland herauszulesen, dass immer ein Gutachten einzuholen ist.

6.4. Keine Fachkompetenz anmaßen

Das oben unter 6.3. gesagte gilt vor allem deshalb, weil sich Gerichte keine Fachkompetenz anmaßen dürfen:

"Damit hat sich das Berufungsgericht medizinische Sachkunde bei der Beurteilung der Arbeitsfähigkeit des Geschädigten angemaßt, deren Voraussetzungen es den Parteien nicht offengelegt hat. Das Berufungsgericht hätte die Arbeitsfähigkeit im angenommenen Umfang angesichts der von der Klägerin vorgelegten ärztlichen Bescheinigungen - die entgegen der Ansicht des Berufungsgerichts nicht lediglich "bloße Behauptungen" der Klägerin, sondern qualifizierten Sachvortrag zur Frage der Arbeitsfähigkeit des Geschädigten darstellen - nicht bejahen dürfen, ohne sich auf das Gutachten eines hinsichtlich der berührten medizinischen Bereiche fachärztlich qualifizierten Sachverständigen zu stützen."

zitiert nach BGH, Beschluss vom 12.03.2024 - VI ZR 283/21 Rn. 19

Gerichte haben in der Regel keine eigene Sachkunde und müssen daher Gutachten einholen.

6.5. „Einfach so" ein Gutachten zur Erziehungseignung reicht nicht aus

Der Klassiker unter den Fehlern, beinahe in jedem Prozess zu finden: Eltern müssen ihre Erziehungsfähigkeit niemals beweisen.

Der Staat muss deren Erziehungsunfähigkeit belegen. In der Realität reicht aber die bloße Behauptung eines Jugendamtes aus, dass diese Regel umgekehrt wird und Eltern via Roulette bzw. Gutachten belegen sollen, dass sie erziehungsfähig sein. Dies ist aber verfassungswidrig:

"Daher müssen die Eltern ihre Erziehungsfähigkeit nicht positiv „unter Beweis stellen"; vielmehr setzt eine Trennung von Eltern und Kind umgekehrt voraus, dass ein das Kind gravierend schädigendes Erziehungsversagen mit hinreichender Gewissheit feststeht."

zitiert nach BVerfG, Beschluss der 1. Kammer des ersten Senats vom 19. November 2014 – 1 BvR 1178/14 – Rn. 29

„Einfach so" ein Gutachten zur Erziehungseignung reicht nicht aus. Der Staat muss belegen, wenn auch nur mit hinreichender Wahrscheinlichkeit, dass ein Erziehungsversagen vorliegt das zu einem Schaden führen kann mit „hinreichender" Sicherheit. Das Gericht muss also nicht voll belegen, dass ein Schaden eintreten wird, der Maßstab wird hier reduziert. Gleichwohl reichen Behauptungen alleine nicht aus, um die Erziehungsfähigkeit durch Gutachten zu belegen zu fordern.

Die Entscheidung an einem Gutachten teilzunehmen ist sowieso ambivalent und gefährlich und sollte niemals vorschnell erfolgen:

Es gibt oft Verfahren, in denen eine Gutachtensteilnahme Sinn macht.

Oft aber ist sie auch nur kontraproduktiv.

Jeder sollte sich die Frage stellen: Ist die Chance etwas Positives sicher zu erreichen höher als das Risiko etwas Negatives?

Ein einmal schlecht ausfallendes Gutachten abzuändern ist kurzfristig unmöglich, während eine im Nachhinein falsch herauskristallisierte Verweigerung am Gutachten jederzeit geändert werden kann. Sicherheiten gibt es nur wenige, egal was Anwälte, Richter oder Sachverständige sagen. Und: Viele Gutachten sind schlicht handwerklicher Mist. Dazu arbeite ich aber an einem weiteren Ratgeber.

6.6. Kein Zwang zur Teilnahme an Gutachten

Eine wichtige Entscheidung des Familienrechts: Niemand muss an einem Gutachten zur Prüfung der Erziehungseignung teilnehmen. Eine gesetzliche Grundlage hierzu existiert schlichtweg nicht, stellt neben dem BGH auch das BVerfG fest:

„Danach fehlt es an einer den mit der Exploration verbundenen Eingriff in den Schutzbereich des allgemeinen Persönlichkeitsrechts rechtfertigenden verfassungsrechtlich gebotenen klaren und unmissverständlichen gesetzlichen Grundlage. Das Gericht hat daher keine Befugnis, die Untersuchung der Beschwerdeführerin zu 1) zu erzwingen."

zitiert nach BVerfG, Beschluss der 1. Kammer des ersten Senats vom 02. April 2009 – 1 BvR 683/09 – in FamRZ 2009, S. 944.

Seriöse Richter, Gutachter und Anwälte weisen hierauf immer hin. Wichtig: Aufpassen, ob solche Hinweise auch protokolliert werden. Oft findet sich im Gutachten der Textbaustein, dass der Proband auf die Freiwilligkeit hingewiesen wurde. Viele Mandanten von mir erinnern sich aber nicht daran, dass der Sachverständige auch tatsächlich hierauf hingewiesen hat.

Fakt ist, dass die Entscheidung, ob man an einem Gutachten teilnimmt oder nicht eine sehr weitreichende ist, die nicht unbedacht und übereilt getroffen werden sollte. Ausführliches Abwägen der Argumente für und gegen ist vonnöten. Hier kann man niemals einen pauschalen Rat für oder gegen ein Gutachten abgeben. Vieles spricht gegen ein Gutachten, manches für ein solches. Wichtig ist dass man alle Szenarien durchdenkt und mögliche Vor- und Nachteile gegeneinander abwägt. Leider wird man weder vom Gericht über seine Rechte und Pflichten gescheit aufgeklärt noch sind viele Anwälte in der Lage, diese einfache Rechtslage richtig wiederzugeben.

6.7. Gericht muss Gutachtenssachverhalt überprüfen

Dass Richter ihre Amtsermittlung gern durch den Sachverständigen erledigen lassen, ohne selbst Beweis zu erheben, ist falsch, aber auch Alltag. Dies ändert aber nichts daran, dass das Gericht zumindest prüfen muss, ob das was der Sachverständige ermittelt und ausführt, richtig ist:

„Das Amtsgericht übernimmt vielmehr die Einschätzung der psychologischen Sachverständigen, dass es sich bei den aufgezählten Risiken um eine Kindeswohlgefährdung handele, ohne die tatsächlichen Ausführungen und Wertungen der Sachverständigen einer spezifisch rechtlichen Bewertung zu unterziehen, derer es hier bedürfte, um das Gewicht der Kindesbelange im Verhältnis zum Elternrecht der Mutter würdigen zu können."

zitiert nach BVerfG, Beschluss der 2. Kammer des ersten Senats vom 28. Februar 2012 – 1 BvR 3116/11 – Rn. 24

Anders formuliert: Ein Richter, der nicht zuerst die Amtsaufklärung vor Gutachten durchgeführt hat, hat danach nun die doppelte Arbeit, weil er alles bewerten muss und hierbei sogar in Kauf nimmt, dass sein Gutachten nichts mehr zählt.

6.8. Mangelhaftes Gutachten kann durch gerichtliche Ausführungen kompensiert werden

Auch hier gilt: Wenn ein Richter sich vor Gutachten die Arbeit spart, den Sachverhalt zu klären, hat er danach doppelte Arbeit:

„Gegen die Gerichtsentscheidungen wäre von Verfassungs wegen nichts einzuwenden, wenn sie die Mängel thematisierten, die fachliche Qualifikation der Sachverständigen näher klärten und nachvollziehbar darlegten, inwiefern Aussagen aus dem Gutachten gleichwohl verwertbar sind und zur Entscheidungsfindung beitragen können. Dies ist hier nicht geschehen."

zitiert nach BVerfG, Beschluss der 1. Kammer des ersten Senats vom 19. November 2014 – 1 BvR 1178/14 – Rn. 335)

Wenn ein Gericht ein fehlerhaftes oder nicht neutrales Gutachten vor sich hat, kann es diese Fehler heilen, indem es sich mit den problematischen Punkten auseinandersetzt, diese mit Begründung nicht oder nicht vollständig berücksichtigt oder anders verwertet. Ein Automatismus der Nichtverwertung besteht hingegen nicht. Ihr müsst also darauf drängen, dass sich das Gericht mit diesen Punkten auseinandersetzt. Es muss darin ausgeführt sein, wieso das Gericht den Sachverständigen für qualifiziert hält. Es muss erläutert werden im Beschluss, warum man bestimmte Widersprüche nicht sieht oder warum man einem Elternteil folgt, dem anderen nicht. Das Gericht kann sogar nur Teile des Gutachtens verwerten – leider verkennt das BVerfG hier, dass es das Risiko gibt, dass Teile aufeinander aufbauen und eine Nichtberücksichtigung alles an Argumenten zerstörten kann. Teilgutachten sind seltener Bestandsfähig als ganze Gutachten, einfach, weil dem Richter die Qualifikation fehlt, hier die Tragweite einer Nichtberücksichtigung auf das ganze Gutachten zu erkennen.

Wichtig: Gleichwohl ist die Entscheidung 6.4. zu beachten!

6.9. Eltern müssen Kindsbegutachtung zustimmen

Solange nicht alle elterlichen Rechte entzogen sind, müssen Eltern der Begutachtung durch den Sachverständigen zustimmen. Ein ohne Zustimmung erholtes Gutachten ist unverwertbar, so der Bundesgerichtshof.

„Vor allem aber war das Gutachten deshalb nicht verwertbar, weil die psychologische Begutachtung des Kindes erfolgt war, ohne dass die erforderliche Zustimmung der Mutter vorgelegen hätte (vgl. OLG Frankfurt FF 2000, 176; Rahm/Künkel/Schneider aaO Rdn. III B 73; Vogel FPR 2008, 617) und ohne dass von Seiten des Gerichts Maßnahmen ergriffen worden wären, die eine Begutachtung gegen den Willen der Mutter ermöglicht hätten. Insbesondere war zum Zeitpunkt der psychologischen Begutachtung des Kindes am 18. November 2008 der Beschluss des Amtsgerichts vom 5. Juni 2008, mittels dem der Mutter vorläufig die gesamte elterliche Sorge entzogen worden war, bereits durch das Oberlandesgericht aufgehoben worden."

zitiert nach BGH, Beschluss des 12. Senats vom 17. Februar 2010 – XII ZB 68/09 – Rn. 42

Der Teufel liegt also im Detail: Nur wenn nur Teilbereiche entzogen sind, kann das Kind ohne Zustimmung der Eltern nicht begutachtet werden. Es muss dann eine eigene Ersetzung der Entscheidung der Eltern stattfinden, die ggf. wieder an eine gegenwärtige Gefahr anknüpft. Genau deshalb neigen viele Gerichte dazu, einfach die ganze Sorge zu entziehen. Das ist einfacher und verhindert Probleme in der Rechtsanwendung – zu Lasten des Kindswohls, zu Lasten des Elternrechts, zu Lasten unseres Rechtsstaates.

6.10. Anwesenheit dritter Person bei Begutachtung

Eine wichtige praktische Entscheidung, solange Videoaufnahmen von Explorationsgesprächen nicht Standard und Pflicht sind: Eine dritte (passive) Beweisperson darf mit anwesend sein:

„In der Sache schließt sich der Senat allerdings den beiden oben zitierten Entscheidungen an. Ausschlaggebend ist dabei vor allem der Gesichtspunkt, dass ein medizinisch oder psychologisch zu begutachtender Beteiligter ansonsten keine Möglichkeit hätte, gegenüber abstrakt immer denkbaren Wahrnehmungsfehlern des Sachverständigen effektiven Rechtsschutz zu erlangen. Behauptet er nach Vorliegen des Gutachtens, der dort wiedergegebene Hergang einer Untersuchung oder eines Explorationsgesprächs sei in tatsächlicher Hinsicht unzutreffend, so wird sich der Sachverständige in der Regel darauf berufen, den Hergang nach seiner Überzeugung und Erinnerung richtig aufgezeichnet zu haben.
Wenn die Unrichtigkeit der Wiedergabe dann nicht ausnahmsweise durch objektive Anhaltspunkte gestützt wird, hat der Beteiligte keine Möglichkeit, sie zu belegen und sich damit erfolgreich gegen ein ihm nachteiliges Gutachtenergebnis zu wenden. Die Hinzuziehung einer Begleitperson hingegen erlaubt es ihm in diesem Fall, mit Aussicht auf Erfolg einen Zeugenbeweis anzutreten. Gegenüber diesem wesentlichen Verfahrensgesichtspunkt muss die Besorgnis einer etwaigen Beeinflussung des Untersuchungsganges – speziell im psychiatrischen und psychologischen Bereich – durch die bloße Anwesenheit der Begleitperson in einer angemessenen Hörweite hingenommen werden. Falls der Sachverständige nach der Untersuchung zu der begründbaren Auffassung gelangen sollte, dass eine Beeinflussung erfolgt sei und das Untersuchungsergebnis deshalb eine geringere Aussagekraft habe als wenn es ohne Begleitperson gewonnen worden wäre, kann er dies in seinem Gutachten darlegen, ebenso wie er es tun müsste, wenn die Aussagekraft durch eine gänzliche Weigerung, sich begutachten zu lassen, oder durch sonstige fehlende Tatsachengrundlagen herabgesetzt wäre. Die Würdigung hätte dann letztlich das Gericht vorzunehmen."

zitiert nach OLG Hamm, Beschluss des 14. Senats vom 03. Februar 2015 – 14 UF 135/14 – Rn. 9

Hintergrund dieser Entscheidung ist die Tatsache, dass Probanden oft nicht belegen können, wer was wann wie gesagt hat. Dies gelten insbesondere auch für Fragen des Sachverständigen und die korrekten Antworten. Zwar gibt es Sachverständige, die einer Tonbandaufnahme zustimmen oder diese selbst durchführen. Aber solange dies nicht Standard ist, muss auf sonstige Art und Weise – wenn man überhaupt an einem Gutachten teilnimmt – sichergestellt sein, dass nur tatsächlich geäußerte Inhalte verwandt werden. Da das Gutachten freiwillig ist, kann man also auch die Rahmenbedingungen bestimmen. Nur schlechte Gutachter haben hier Angst vor einem Zeugen.

Im Übrigen funktioniert es oft auch, einen bestimmten Gutachter dem vom Gericht gewünschten vorzuziehen und diesen zu wünschen. Denn solch ein Gutachten ist wertvoller als eines an dem die Eltern nicht teilnehmen.

6.11. Keine Anwesenheit dritter Person

Genau anders sieht es aber das Kammergericht Berlin:

„Bei seinen Ermittlungen muss ein Sachverständiger im Allgemeinen den Beteiligten und ihren Verfahrensbevollmächtigten Gelegenheit zur Teilnahme geben. Dies folgt aus dem Gesichtspunkt der Waffengleichheit und vor allem mit Rücksicht darauf, dass anderenfalls der Sachverständige als befangen abgelehnt wird (§ 406 ZPO) und auch jeder Beteiligte die Richtigkeit der Feststellungen des Sachverständigen bestreiten kann, mit der Folge, dass der Beweis nicht verwertet werden kann, sondern eine gerichtliche Beweisaufnahme erfolgen muss.

Die Grenzen der Teilnahme bei den Ermittlungen des Sachverständigen sind Unmöglichkeit, Unzumutbarkeit, Überflüssigkeit und Untunlichkeit (MüKoZPO/Zimmermann, 6. Aufl. 2020, ZPO, § 404a Rn. 12). So ist die Teilnahme der Parteien und Parteivertreter bei einer ärztlichen Untersuchung für den Patienten unzumutbar. Gleiches muss für eine psychologische Untersuchung eines Elternteils gelten. Aus Gründen der Waffengleichheit müssen die Verfahrensbevollmächtigten beider Elternteile der Untersuchung fernbleiben.

Aus dem gleichen Grund darf auch eine Begleitperson des zu Untersuchenden nicht zugelassen werden, die das Geschehen beobachten und bezeugen soll. Soweit teilweise vertreten wird, die Teilnahme einer Begleitperson zu Beweiszwecken (die keine Teilnahme- oder Äußerungsrechte hat), könne nicht untersagt werden (vgl. OLG Hamm, Beschluss vom 3. Februar 2015 -II-14 UF 135/14-, juris), berücksichtigt diese Entscheidung den Grundsatz der Waffengleichheit (vgl. Hansen DRiZ 2013, 400, 401), der gebieten würde, dass auch die übrigen Beteiligten einen "Beobachter" entsenden dürfen, nicht. Denn es ist denkbar, dass der zu Untersuchende und die in seinem Lager stehende Begleitperson einen Sachverhalt schildern, der die Besorgnis der Befangenheit des Sachverständigen begründen könnte, ohne dass sich der Sachverständige - wenn keine Video- oder Tonaufnahmen darüber vorliegen - dagegen wehren und ohne dass die übrigen Beteiligten Einblick in das Geschehen hätten und dem entgegentreten könnten. Es ist auch zu berücksichtigen, dass im Hinblick auf die Stellung des Sachverständigen als eines Gehilfen des Gerichts kein Grund besteht, dem jeweiligen Beteiligten generell das Recht zuzubilligen, eine Vertrauensperson als Zeugen hinzuzuziehen (vgl. OVG Koblenz, Beschluss vom 11. Juni 2013 -2 A 11071/12 -, juris).

Gegen die Anwesenheit einer Begleitperson spricht auch, dass in deren Anwesenheit ein sachliches Begutachtungsergebnis nicht zu erreichen und damit der Erkenntniswert des Gutachtens beeinträchtigt sein könnte (Hammer in: Prütting/Helms, FamFG, 5. Aufl. 2020, § 163 Rn. 20 b; vgl. auch Landessozialgericht Niedersachsen-Bremen, Beschluss vom 11. Dezember 2019 - L 13 SB 4/19 -, Rn. 37; Landessozialgericht Berlin-Brandenburg, Beschluss vom 17. Februar 2010 - L 31 R 1292/09 B -, Rn. 7 juris; OVG Koblenz, Beschluss vom 11. Juni 2013 - 2 A 11071/12 -, juris). Der Sachverständige hat dazu ausgeführt, dass bei Teilnahme des Herrn G. Verzerrungen bei der Datenerhebung zu befürchten seien. Dies ist überzeugend, denn in der Sozialpsychologie sind die Auswirkungen sozialer Beeinflussung umfassend untersucht worden. So reicht bereits die Annahme aus, das eigene Verhalten werde von jemandem beobachtet, um dieses zu verändern. Probanden zeigen ein anderes Leistungsverhalten, wenn ein passiver Beobachter im Raum ist (vgl. zum Ganzen Castellanos, Psychologische Sachverständigengutachten im Familienrecht, 3. Aufl. 2021, Rn. 53). Bei den Gesprächen oder den testpsychologischen Untersuchungen sind daher Beobachtungseffekte wahrscheinlich. Deshalb könnten die Ergebnisse nur eingeschränkt bewertet werden (Salzgeber, Familienpsychologische Gutachten, 7. Aufl. 2020, Rn. 331) und den Erkenntniswert des Gutachtens mindern.

Im Übrigen steht der Anwesenheit einer Begleitperson, die nicht Verfahrensbeteiligte ist, der Sinn und Zweck der Regelung des § 170 Abs. 1 Satz GVG entgegen. Zum Schutz der Privatsphäre und der Persönlichkeitsrechte der Beteiligten werden Verhandlungen, Erörterungen und Anhörungen in Familiensachen nichtöffentlich durchgeführt."

zitiert nach Kammergericht, Beschluss vom 18.02.2021 - 3 UF 1069/20

Der Beschluss überzeugt nicht, solange der Datenbestand des Gutachters nicht objektiv nachgeprüft werden kann. Denn somit hat effektiv niemand mehr die Chance, einem Gutachten zu widersprechen.

Meine Erfahrung spricht zudem dafür, dass viele Aussagen in Gutachten falsch wiedergegeben sind – was ohne Tonbänder nur ein Zeuge objektiv belegen kann.

6.12. Amtsermittlungspflicht nicht auf Sachverständigen deligieren

Entscheidungen, die es eigentlich niemals geben dürfte, weil sie selbstverständlich sein sollten: Das Gericht hat die gesetzliche Pflicht, den Sachverhalt in Kindschaftssachen von selbst zu ermitteln und darf sich nicht auf den Vortrag einer Partei verlassen

"Insbesondere ist darauf hinzuweisen, dass die nach § 26 FamFG die dem Gericht obliegende Verpflichtung nicht allein auf den Sachverständigen delegiert werden kann."

zitiert nach OLG München, Familiensenate Augsburg, Beschluss des 30. Senats vom 17. April 2015 – 30 UF 232/15 und andere

Genau dafür gibt es ja Richter. Leider wird hiergegen oft verstoßen:

Die Akte geht an den Sachverständigen, sonst passiert nichts. Richtigerweise, und darauf weist das OLG München in einer Vielzahl gleichgearteter Fälle hin, muss das Gericht neben dem Gutachten selbst Grundlagen des Gutachtens wie Anknüpfungstatsachen ermitteln lassen und die Glaubwürdigkeit von Zeugen bewerten.

Das Gericht muss ferner dem Sachverständigen vorgeben welche Tatsachen, wie zu berücksichtigen sind. Denn letztlich soll ja der Richter entscheiden und nicht nur eine sachverständige Meinung in ein Urteil gießen.
Gerade das läuft aber oft anders als es sollte, weshalb das OLG auch trotz unbegründeter Beschwerde dieses zweiseitige Orbiter Dictum erlies – das es nie hätte geben sollen, weil das Gesetz eigentlich eindeutig ist:

§26 FamFG lautet:

„Das Gericht hat von Amts wegen die zur Feststellung der entscheidungserheblichen Tatsachen erforderlichen Ermittlungen durchzuführen."

Zwar hat der BGH in seiner Entscheidung XII ZB 68/09 bereits deutlich gemacht, dass ein Gutachten, bei dem die Anknüpfungstatsachen nicht durch das Gericht geklärt wurden, nicht verwendet werden darf. Doch wird diese Entscheidung von vielen Richtern nicht zur Gänze gelesen und umgesetzt. In die gleiche Schiene ging ja das Bundesverfassungsgericht, als es darauf hinwies, dass ohne gesicherte Ermittlungsgrundlage keine Entziehung der elterlichen Sorge erfolgen könne. Und trotzdem musste sich das OLG Mümchen, Familiensenate, in vielen Fällen mit dieser Problematik auseinandersetzen. Dies hat oft mit der personellen Überforderung der Gerichte zu tun. Manchmal ist aber auch eine fachliche Überforderung offenkundig.

6.13. Voreingenommener Gutachter

Auch voreingenommene Gutachter, die Probleme mit der Herkunft eines Elternteiles haben oder sonst erkennbar bereits negativ eingestellt sind, kommen vor. Solche Gutachten sind eben nicht ohne weiteres verwertbar:

„Das Gutachten bietet auch deshalb keine verlässliche Grundlage für eine am Kindeswohl orientierte Entscheidung, weil sich Hinweise darauf finden, dass die Sachverständige dem Beschwerdeführer nicht mit der gebotenen Unvoreingenommenheit begegnet ist. Angesichts der ins Auge springenden Zweifel hätten die Gerichte darlegen müssen, inwiefern sie das Gutachten gleichwohl für verwertbar halten."

zitiert nach BVerfG, Beschluss der 1. Kammer des Ersten Senats vom 19. November 2014 - 1 BvR 1178/14 - Rn. 30

Schlimm ist es, dass so ein Fall des offenen Rassismus bis Karlsruhe gehen musste. In welchem Land leben wir, dass einfache Richter hier nicht handeln? Wenn das BVerfG von ins Auge springende Zweifel spricht, dann sind das nicht nur Ohrfeigen für Amts- und Oberlandesgericht, sondern eigentlich auch Zweifel an der Lesekompetenz mancher Richter.

6.14. Kosten Privatgutachten via VKH

David gegen Goliath: Das OLG Hamm sorgt für Gleichgewicht, ein Alternativgutachten ist via PKH erstattungsfähig, wenn die Kosten im Einzelfall wegen Bedürftigkeit der Anwalt bezahlt hatte. Rechtlich sollte es aber keinen Unterschied machen, wenn die Kosten von der Partei nicht bezahlt wurden.

„Die Aufwendungen für die Beauftragung eines Privatgutachters sind zur zweckentsprechenden Rechtsverfolgung erforderlich.
In Bezug auf prozessbegleitend eingeholte Privatgutachten ist die Erstattungs-fähigkeit entsprechender Aufwendungen allerdings insoweit eingeschränkt, dass es Sache des Gerichts ist, Beweiserhebungen durch Einholung von Sachverständigen-gutachten durchzuführen. Die Rechtsprechung hat die Erstattungsfähigkeit prozessbegleitender Privatgutachten aber dann bejaht, wenn es darum geht, ein gerichtliches Gutachten zu überprüfen, zu widerlegen oder zumindest zu erschüttern (vgl. dazu OLG Stuttgart, Beschluss vom 13.11.2001, AZ: 8 W 481/01, Tz. 6, sowie Beschluss vom 11.07.2007, AZ: 8 W 265/07 Rdnr. 11; OLG Nürnberg, Beschluss vom 18.06.2001, AZ: 4 W 2053/01, Tz. 14; OLG Koblenz, Beschluss vom 21.08.2007, AZ: 14 W 608/07, Tz. 5; OLG Celle, Beschluss vom 25.07.2008, AZ: 2 W 148/08, Tz. 3)

oder wenn eine Partei auf die Hinzuziehung eines Sachverständigen angewiesen ist, um ihrer Darlegungs- und Beweislast zu genügen, Beweisangriffe abzuwehren oder Beweisen des Gegners entgegentreten zu können (vgl. dazu OLG Düsseldorf, Beschluss vom 27.02.1997, AZ: 10 W 21/97 Tz. 4; OLG Nürnberg, Beschluss vom 18.06.2001, AZ: 4 W 2053/01, Tz. 14; Oberlandesgericht des Landes Sachsen-Anhalt, Beschluss vom 30.08.2006, AZ: 10 W 52/06, Tz. 11; OLG Koblenz, Beschluss vom 21.08.2007, AZ: 14 W 608/07, Tz. 5; OLG Celle, Beschluss vom 25.07.2008, AZ: 2 W 148/08, Tz. 3) oder wenn die Einholung des Gutachtens der Wiederherstellung der Waffengleichheit dient (vgl. dazu OLG Stuttgart, Beschluss vom 11.07.2007, AZ: 8 W 265/07, Tz. 11; Oberlandesgericht des Landes Sachsen-Anhalt, Beschluss vom 30.08.2006, AZ: 10 W 52/06, Tz. 11; OLG Karlsruhe, Beschluss vom 26.03.2007, AZ: 15 W 7/07 Tz. 9).

Hier ist die erstgenannte Fallgruppe einschlägig, denn der Kläger will hier ein Privatgutachten einholen, um das Gutachten des gerichtlichen Sachverständigen überprüfen zu können. Der Kläger ist – auch wenn er als gelernte Kaufmann und selbständiger Gewerbetreibender – über kaufmännische Kenntnisse verfügt, aufgrund seiner beruflichen Ausbildung nicht in der Lage, die betriebswirtschaftlichen Abhandlungen des gerichtlichen Sachverständigen in einem hinreichenden Maß zu hinterfragen und etwaige Widersprüche aufzudecken. Hierfür bedarf es der Hinzuziehung eines Betriebswirtes oder Steuerberaters."

zitiert nach OLG Hamm, Beschluss des 25. Senats vom 14. Mai 2013 – 25 W 94/13 – Rn. 18

Dem gerichtlich bestellten Gutachten ein Gegengutachten entgegenzustellen ist teuer. Solcherlei Begutachtungen sind aber im Rahmen der Prozess-/ Verfahrenskostenhilfe notwendige Auslagen und daher zu erstatten. Diese Entscheidung ist deshalb wichtig, weil sie die Chancengleichheit so maximal erhöht. Problematisch ist, dass es nur hilft, wenn eben auch die extreme Bedürftigkeit gegeben ist, die das Gesetz für Verfahrenskostenhilfe fordert. Leider haben normalarbeitende Menschen hier wiederum einen Nachteil.

6.15. Privatgutachten müssen beachtet werden

Wenn es ein Privatgutachten existiert, muss es das Gericht ernst nehmen und in Betracht ziehen:

„...so ist vom Tatrichter besondere Sorgfalt gefordert. Er darf in diesem Fall – wie auch im Fall sich widersprechender Gutachten zweier gerichtlich bestellter Sachverständiger – den Streit der Sachverständigen nicht dadurch entscheiden, dass er ohne einleuchtende und logisch nachvollziehbare Begründung einem von ihnen den Vorzug gibt (ständige Rechtsprechung, vgl. Senatsbeschluss vom 18. Mai 2009 – IV ZR 57/08, VersR 2009, 975 Rn. 7 m.w.N.)"

zitiert nach Bundesgerichtshof, IV ZR 190/08, Rn. 5

6.16. Keine Pflicht, Gutachten einzuholen

Man muss nicht immer ein Gutachten einholen:

„Die Fachgerichte sind demnach verfassungsrechtlich nicht stets gehalten, ein Sachverständigengutachten einzuholen (vgl. BVerfGE 55, 171 <182>)."

zitiert nach 1 BvR 1750/21

6.17. Privatgutachten sind wichtige Indizien

Privatgutachten sind zumindest ein wesentliches Indiz:

"Auch wenn es sich bei dem vorstehend erwähnten Gutachten um ein privates Sachverständigengutachten handelt, ist dieses ein weiteres Indiz für die Unschuld des Antragstellers."

zitiert nach OLG Dresden, 14.05.2013, Az. 21 UF 787/12

6.18. Verbindliche Mindestanforderungen

Die Mindestanforderungen an die Qualität von Sachverständigengutachten im Kindschaftsrecht sind verbindlich:

„Die „Arbeitsgruppe Familienrechtliche Gutachten" hat unter Beteiligung von Vertretern juristischer, psychologischer und medizinischer Fachverbände, der Bundesrechtsanwalts- und der Bundespsychotherapeutenkammer, fachlich begleitet durch das Bundesministerium der Justiz und für Verbraucherschutz und unterstützt durch den XII. Zivilsenat des Bundesgerichtshofes unter Einbindung und Mitwirkung der Landesjustizministerien die sog. „Mindestanforderungen an die Qualität von Sachverständigengutachten im Kindschaftsrecht" als Empfehlungen erarbeitet. Diese sind im Jahre 2019 in 2. überarbeiteter Auflage erschienen. Unter anderem war auch das Institut für Soziale Arbeit (ISA) beteiligt.

Auch wenn diese Empfehlungen keine Kriterien im Sinne rechtlich verbindlicher Mindeststandards darstellen, so dienen sie doch der Konkretisierung der in § 163 Abs. 1 FamFG formulierten Anforderungen an die in Kindschaftssachen zu bestellenden Sachverständigen und die zu erstattenden Gutachten und sind nach Auffassung des Senates im Rahmen der Ausübung des pflichtgemäßen Ermessens zu berücksichtigen, da sie eine Arbeitsgrundlage darstellen, die von den beteiligten Experten unter Einbeziehung juristischer und psychologischer Aspekte in Kenntnis der bestehenden Situation im Gutachterwesen erarbeitet wurden."

zitiert nach OLG Schleswig, 7.5.2020 – 13 UF 4/20

Auch in anderen Rechtsgebieten (Baurecht, Medizinrecht) gibt es Regeln der Kunst („lege artis"), die deutlich machen was Stand der Technik ist, wie bestimmte Aspekte abzuarbeiten sind usw.

In Österreich gibt es für familienpsychologische Gutachten sogar ministeriale Vorgaben (Bundesministerium Soziales, Gesundheit, Pflege und Konsumentenschutz veröffentlichte Empfehlung für Sachverständigengutachten im Bereich des Familienrechts).

Dem entsprechen die deutschen Mindestanforderungen, auf die Österreich verweist.

6.19. Mindestanforderungen kein Gesetz, aber wichtige Orientierung

Ähnlich argumentiert das OLG Hamm:

"Die Mindestanforderungen haben zwar keine Gesetzeskraft und binden das Gericht nicht. Sie sind aber vom Sachverständigen K. zu Recht als wichtige Orientierung bei der Beurteilung des Gutachtens der Beklagten zugrunde gelegt worden (vgl. auch Hammer, a.a.O. § 163 FamFG Rn. 29a Fn. 244)."

zitiert nach OLG Hamm, 24.11.2023 – 11 U 112/22

6.20 Befundwürdigungsfehler in Gutachten

Weiter führt das OLG Hamm zu Befundwürdigungsfehlern aus:

"Ein (Befund-)Würdigungsfehler des Sachverständigen liegt nur dann vor, wenn vom Sachverständigen aus dem festgestellten Sachverhalt falsche, unhaltbare Schlüsse gezogen werden (Berkemann, Haftung des Sachverständigen nach § 839 a BGB – Rechtsprechung im Überblick (BGH/OLG), Juris-Mitteilungen 2021, 65 ff, 68; Wagner in: Münchener Kommentar zum BGB 8. Auflage 2020 § 839 a Rn. 19 m.w.Nw.; BGH, Urteil vom 10.10.2013, III ZR 345/12 – Rz. 17 juris; Senatsurteil vom 12.01.2022, I-11 U 21/21 – Rz. 50 juris)."

zitiert nach OLG Hamm, 24.11.2023 – 11 U 112/22

Falsche Schlüsse können sich insoweit aus falschen Anknüpfungstatsachen ergeben (s.O. 6.1.)

6.21. Unrichtiges Gutachten

Wichtig ist zu wissen, wann ein Gutachten unrichtig ist:

"Unrichtig ist ein Sachverständigengutachten dann, wenn es nicht der objektiven Sachlage entspricht, also die vom Sachverständigen festgestellten Tatsachen nicht existieren oder die Befunderhebung, soweit nicht vom Gericht vorgegeben, fehlerhaft oder unvollständig ist, oder wenn der Sachverständige aus dem festgestellten Sachverhalt falsche, unhaltbare Schlüsse zieht (Berkemann, Haftung des Sachverständigen nach § 839 a BGB – Rechtsprechung im Überblick (BGH/OLG), Juris-Mitteilungen 2021, 65 ff, 68; Wagner in: Münchener Kommentar zum BGB 8. Auflage 2020 § 839 a Rn. 19 m.w.Nw.; BGH, Urteil vom 10.10.2013, III ZR 345/12 – Rz. 17 juris; Senatsurteil vom 12.01.2022, I-11 U 21/21 – Rz. 50 juris)."

zitiert nach OLG Hamm, 24.11.2023 – 11 U 112/22

6.22. Grobe Fahrlässigkeit bei Gutachten

Und es wird sogar ausgeführt, wann ein solches Gutachten grob fahrlässig ist, um eine Haftung nach §839a BGB zu begründen:

„Grobe Fahrlässigkeit erfordert einen in objektiver Hinsicht schweren und in subjektiver Hinsicht nicht entschuldbaren Verstoß gegen die Anforderungen der im Verkehr erforderlichen Sorgfalt. Diese Sorgfalt muss in ungewöhnlich hohem Maße verletzt und es muss vom Sachverständigen dasjenige unbeachtet geblieben sein, was im gegebenen Fall jedem hätte einleuchten müssen. Es muss eine auch subjektiv schlechthin unentschuldbare Pflichtverletzung vorliegen, die das in § 276 Abs. 2 BGB bestimmte Maß erheblich überschreitet.

Für die Haftung des gerichtlich bestellten Sachverständigen nach § 839a BGB bedeutet dies, dass der Sachverständige in objektiver Hinsicht bei der Erstellung des Gutachtens die erforderliche Sorgfalt in besonders schwerem Maße verletzt, ganz naheliegende Überlegungen nicht angestellt und dasjenige unbeachtet gelassen haben muss, was jedem Sachverständigen hätte einleuchten müssen; seine Pflichtverletzung muss mithin schlechthin unentschuldbar sein. Auch in subjektiver Hinsicht muss den Sachverständigen ein besonders schweres Verschulden treffen, wobei es freilich im Einzelfall gerechtfertigt sein kann, von einem bestimmten äußeren Geschehensablauf und vom Ausmaß des damit einhergehenden objektiven Pflichtenverstoßes auf innere Vorgänge und eine gesteigerte subjektive Vorwerfbarkeit zu schließen (BGH, Urteil vom 10.10.2013, III ZR 345/12 –Rz. 27 f. juris; OLG Hamm, Urteil vom 22.10.2013, I-9 U 135/12 – Rz. 30 juris)."

zitiert nach OLG Hamm, 24.11.2023 – 11 U 112/22

6.23. Transparentes Gutachten

Ein Gutachten muss wissenschaftlich sein. Was das heißt schreibt das OLG Schleswig:

„*Das Gebot des wissenschaftlich fundierten Vorgehens, der Transparenz und der Nachvollziehbarkeit
ist zu beachten.*"

zitiert nach OLG Schleswig, 7.5.2020 – 13 UF 4/20

Die psycho-physiologische Aussagebegutachtung (Polygraphie)

7. Die psycho-physiologische Aussagebegutachtung (Polygraphie)

Thematisch passen an dieser Stelle Entscheidungen zum Polygrafen, den der BGH ablehnt. Denn diese Entscheidungen machen deutlich, worauf es bei jeder Form der Begutachtung und Beweiserhebung ankommt, weshalb ich diesen Punkt in dieses Buch mit aufgenommen habe.

7.1. Aussagepsychologie ist nicht besser als der Polygraph

„Soweit im Weiteren die Treffsicherheit physiopsychologischer Untersuchungen hinsichtlich der Verdachtsabklärung damit begründet wird, es stünden nicht hinreichend valide Zahlen insbesondere durch Feldstudien in prozentualer Errechnung von sogenannten Trefferquoten vor (BGH 1 StR 156/98, Jurisrecherche Rn. 56ff.), ist dem entgegenzuhalten, dass bei dem bislang durchgeführten "rein aussagepsychologischen" Begutachtungen belastbare Zahlen ebenso wenig vorliegen."

zitiert nach AG Bautzen, 40 Ls 330 Js 6351/12

Alle Gutachten müssen daher den gleichen Chancen unterliegen. Man kann nicht die Regeln ändern, zumal eben auch die Beweiswürdigung (was ist Lüge, was ist Wahr) erheblich problematisch ist:

"So ergab eine Meta-Studie aus dem Jahr 2008, dass professionelle Aussagebeurteiler wie Polizeibeamte, Staatsanwälte und Richter Trefferquoten zwischen lediglich 45 und 60 Prozent im Erkennen von Lügen anhand eigener Erfahrung erzielen können. (...) Das entspricht etwa der Zahl, die Bond und DePaulo für nicht-professionelle Aussagebeurteiler ermitteln konnten. Der für Vrij nennenswerte Unterschied zwischen Fachleuten und Laien: Erstere neigen dazu, sich maßlos zu überschätzen."

zitiert nach Makepeace, Der Polygraf als Entlastungsbeweis 2023, S. 177

7.2. Beweiswert Polygraf 70-90%

„Gegen die damals mitgeteilten Trefferquoten - immerhin von 70 bis 90 Prozent - hatte der Bundesgerichtshof aber derart tiefgreifende Bedenken, dass er der Vergleichsfragenmethode eine selbst minimale indizielle Bedeutung absprach,"

zitiert nach BGHSt 44, 308, 322

Gleichwohl sind normale Gutachten auch nur zu 90% richtig oder zu 50% (Dettenborn in Amann und Neukirch in Spiegel 2015 „10% fehlerhaft", Stürmer und Salewski in Deutsche Richterzeitung 33%-50% fehlerhaft, Leitner 75% fehlerhaft). Aussagepsychologische Gutachten sind zu 19% fehlerhaft nach Mackpeace. Nach Stellers Habilitationsschrift soll der Polygraf die Aussagepsychologische Begutachtung ergänzen.

7.3. Polygraf ist wissenschaftlicher als Aussagepsychologie

Auch unter Bezugnahme auf Steller weiß das AG Bautzen, dass der Polygraf wissenschaftlich überlegen ist.

„Die Überlegenheit physiopsychologischer Verfahren gegenüber anderen Methoden der forensischen Aussageuntersuchungen hat Steller (derselbe!) begründet, indem er hervorhob, dass die in der forensischen Praxis in der Bundesrepublik Deutschland im großen Umfang angewendete "rein" psychologische Aussagebegutachtung "nicht annähernd so wissenschaftlich überprüft wurde wie die physiopsychologische Methode (vgl. Steller in Wegener, 1981, S 56f.)"

zitiert nach AG Bautzen, 40 Ls 330 Js 6351/12

7.4. Amtsermittlungsgrundsatz verpflichtet auch zum Polygrafen

Das AG Schwäbisch Hall kommt daher zu dem Ergebnis, dass alle Beweismöglichkeiten und damit auch der Polygraf auszuschöpfen sind:

„Dabei verpflichtet der Amtsermittlungsgrundsatz nach § 26 FamFG die Familiengerichte in Kindschaftsverfahren im Rahmen pflichtgemäßen Ermessens alle zur Aufklärung des Sachverhalts dienlichen Ermittlungen anzustellen. In besonderer Weise ist das Familiengericht gehalten, die vorhandenen Ermittlungsmöglichkeiten auszuschöpfen und auf diese Weise nach Möglichkeit zu vermeiden, dass sich die Grundsätze der Feststellungslast zu Lasten des Kindes auswirken (BGH, Beschluss vom 17.02.2010 – XII ZB 68/09 -, NJW 2010, 1351 (1353)). Dies ist letztendlich der entscheidende Aspekt, warum der Polygraph im familiengerichtlichen Verfahren zuzulassen ist, da er – ungeachtet des Meinungsstreits – die Wahrscheinlichkeit zum Wohl des Kindes erhöht, dass das Familiengericht weder in Bezug auf den Kindeswohlaspekt 1 noch in Bezug den Kindeswohlaspekt 2 eine Fehlentscheidung trifft. Denn das Familiengericht trifft letztendlich in derartigen Fällen Entscheidungen, die das Leben eines minderjährigen Kindes betreffen und entscheidende „Weichen" für die Zukunft dieses jungen Menschen stellen."

zitiert nach AG Schwäbisch-Hall, Beschluss vom 25.10.2021 – 2 F 150/20

7.5. Nur DNA Abstammungsgutachten genauer als Polygraf

Nimmt man die Kriterien des BverfG und des BGH an, dann ist kaum ein Gutachten verwertbar, weil nur ein Abstammungsgutachten verlässlich über 90% Ergebnisse auswirft:

„Wegen der hohen Trefferquote hatte Schwabe (NJW 1982, 367) bereits 1982 die Entscheidung eines Vorprüfungsausschusses des Bundesverfassungsgerichts (Beschluss vom 18.08.1981 –2 BvR 166/81 -, NJW 1982, 375) kritisiert und von einer „brüchigen Logik" gesprochen. Denn wenn ein Beweismittel mit einer Treffergenauigkeit von 90 % nicht ausreiche, so müsste man folglich allen Beweismitteln, deren Treffergenauigkeit sich nicht über die 90 %-Marke erhebt, ihren Beweiswert absprechen und als völlig ungeeignetes Beweismittel einstufen. Letztendlich ist in der Gerichtspraxis bekannt, dass der Zeugenbeweis hinsichtlich der Trefferquote „Lüge" oder „Irrtum" besonders unzuverlässig ist. Dennoch gehört die Zeugenvernehmung zu dem Beweismittel, welches in der gerichtlichen Praxis am häufigsten erhoben wird. Würden entsprechende Anforderungen hinsichtlich der Treffergenauigkeit auch an andere Beweismittel gestellt werden, bliebe letztendlich wohl nur das DNA-Abstammungsgutachten mit 99,9 %-Trefferquote als geeignetes Beweismittel für die Gerichtspraxis übrig."

zitiert nach AG Schwäbisch-Hall 2 F 150/20

7.6. Polygraf sichere Entscheidungshilfe

Der Polygraf kann eine sichere Entscheidungshilfe sein, wusste schon das OLG München:
„Beim Vorwurf des sexuellen Mißbrauchs bietet die Untersuchung mit einem Polygraphen eine sichere und schnelle Entscheidungshilfe zur Erfassung wahrheitsgemäßer Aussagen. Bei der elterlichen Sorge und dem Umgangsrecht handelt es sich um FGG-Verfahren (§§ 621 a Abs. 1, 621 Abs. 1 Nr. 1, 2 ZPO), in denen der Untersuchungsgrundsatz gilt.

Das Gericht hat von Amts wegen die notwendigen Tatsachen festzustellen und die objektive Wahrheit zu ergründen (Keidl-Kuntze-Winkler, FGG, 13. Auflage, § 12 RdNr. 21). Über den gesamten Inhalt des Verfahrens entscheidet das Gericht in freier Beweiswürdigung, wobei es die volle Überzeugung vom Vorliegen beweiserheblicher Tatsachen haben muß (Keidl-Kuntze-Winkler a.a.O. RdNr. 190). Kann ein entscheidungserheblicher Punkt nicht geklärt werden, ist dies zu Lasten desjenigen zu werten, den die Feststellungslast trifft (Keidl-Kuntze-Winkler a.a.O.). Beim Vorwurf sexuellen Mißbrauchs mit einem Kinde geht es regelmäßig wie auch im vorliegenden Fall, um die Behauptung des Kindsvaters, unschuldig zu sein, d.h. um den Nachweis seiner Unschuld. Die Sachlage ist damit völlig anders als im Strafprozeß (OLG Karlsruhe, StV 1998, 530)."

zitiert nach OLG München, 25.11.1998 – 12 UF 1147/98

7.7. Entlastungshilfe im Sorgerecht

Insbesondere in Sorgerechtssachen ist der Polygraf ein geeignetes Mittel:

„Die Untersuchung mit einem Polygraphen ist im Sorge- und Umgangsrechtsverfahren ein geeignetes Mittel, einen Unschuldigen zu entlasten (vgl. OLG München, FamRZ 1999, 674; OLG Bamberg, NJW 1995, 1684; FAKomm-FamR/Ziegler, § 1671 BGB, Rn. 52)."

Zitiert nach OLG Dresden, 14.05.2013, Az. 21 UF 787/12

7.8. Hohe Wahrscheinlichkeit des Polygrafen

"Auf Grund der wissenschaftlichen Forschungen bietet die Untersuchung mit dem Polygraphen einen sehr hohen Wahrscheinlichkeitsbeweis, wenn sie zum Ergebnis kommt, daß der Verdächtige unschuldig ist. Ergibt die Untersuchung dagegen, daß der Proband die tatbezogenen Fragen zu den konkret vorgeworfenen sexuellen Handlungen nicht wahrheitsgemäß beantwortet hat, besteht kein sicherer Nachweis, daß er die Taten tatsächlich begangen hat, sondern nur eine Wahrscheinlichkeit hierfür (Undeutsch FamRZ 1996, 329 ff; Salzgeber/Stadler/Vehrs, Die psychophysiologische Aussagebegutachtung im Rahmen des Familiengerichtsverfahrens, Praxis der Rechtspsychologie 1997, 213 ff). Dies bedeutet im Ergebnis, daß der Proband dann seine Unschuld mit dieser Untersuchung nicht beweisen konnte. Bei der Untersuchung mit dem Polygraphen werden dabei üblicherweise neben allgemein gehaltenen Fragen drei Tatfragen und drei Kontrollfragen gestellt, wobei die Reaktion bei Atmung, Hautleitfähigkeit und Puls/Blutdruck gemessen wird. Erfolgt bei der Beantwortung der Tatfragen eine stärkere Reaktion als bei der Beantwortung der Kontrollfragen, spricht dies für wahrheitswidrige Angaben, im umgekehrten Fall für eine wahrheitsgemäße Aussage. Insgesamt ist die Untersuchung mit dem Polygraphen damit ein geeignetes Mittel im FGG-Verfahren, einen Unschuldigen zu entlasten (OLG Bamberg, NJW 1995, 1684). Im Sinne des Kindeswohls ist dabei auch hervorzuheben und zu beachten, daß das Kind bei einer Entlastung des Probanden regelmäßig nicht mit einem Glaubwürdigkeitsgutachten und den damit zusammenhängenden das Kind belastenden Untersuchungen überzogen werden muß. Die Anwendung des Polygraphen erfordert allerdings, wie der Sachverständige ... bei seiner mündlichen Anhörung überzeugend darlegte, daß die sogenannten Tatfragen sehr exakt gestellt werden und den erhobenen Tatvorwurf präzise umfassen müssen, ferner, daß die Kontrollfragen für den Probanden eine emotionale Bedeutung haben. Werden nur allgemeine Tatfragen erhoben, wie „Haben Sie sexuelle Handlungen an Ihrem Kind vorgenommen?", ermöglicht dies ein innerliches Ausweichen des möglichen Täters mit der Folge einer Verfälschung der Ergebnisse."

zitiert nach OLG München, 12 UF 1147/98 vom 25.11.1998

Ein Polygraf bietet sich immer dann an, wenn es keine objektiven Beweismittel gibt oder diese ergebnislos sind. Wer einen oft wenig qualifizierten Anwalt, Richter oder Verfahrensbeistand zu Wort kommen lässt, um den unbestimmten psychologisch-rechtlichen Begriff „Kindeswohl" mit Leben zu erfüllen, der muss das auch dem spezialisierten Aussagepsychologen gewähren.
Denn eine Münze werfen wäre definitiv keine Lösung.

Kind trotzdem weg – was tun?

8. Kind trotzdem weg – was tun?

Es gibt kein Patentrezept, sein Kind zurückzubekommen oder nicht zu verlieren. Es ist oft ein hartes Ringen, viel Fleißarbeit und Durchhaltekraft vonnöten. Manchmal erreicht man trotzdem nicht das gewünschte Ziel. In solchen Fällen muss man sich multiprofessionelle Hilfe holen: Juristen, die den Sachverhalt der Beschlüsse und Gutachten auswerten, um ein Konzept zu entwickeln, das ich Elternschutzkonzept getauft habe oder Familienschutzkonzept. Dieses Konzept soll die Rückführungsmodalitäten zu Papier bringen, zu Attesten und Zertifikaten, die belegen, dass die einstmals schlechte Situation nunmehr geändert ist und die (angeblichen) Gefahren nicht mehr bestehen. Dieses Konzept könnt Ihr über Activinews.tv erhalten – sprecht mich einfach an – oder bei jedem guten Familienrechtler, der sein Netzwerk an Fachkräften hat. Denn ein Anwalt alleine erreicht nichts, auch ein Pädagoge nicht. Aber ein Kinderarzt, ein Pädagoge und ein Psychologe zusammen mit einem Anwalt können viel bewegen.

Auch eine Amtshaftungsklage ist eine Idee wert, insbesondere wenn Rechtsschutzversicherung besteht. Denn wenn Unrecht durch Wegsehen zum materiellen Recht wurde, zu bestandskräftigen Entscheidungen, dann kann man sich nur noch über Schadenskompensation wehren – hier gilt ja das Prinzip Naturalrestitution, also zuerst Schaden beseitigen bevor man Schadensersatz bezahlt. Auch zur Amtshaftung ist ein Ratgeber dieser Reihe in Vorbereitung. Freut Euch darauf!

Wenn es für den Staat teurer wird, Ersatz zu leisten, als Richter besser auszubilden, wird er es tun: Mehr Richter einstellen und andere Regeln fordern. Solange es nichts kostet, egal wie schlecht Entscheidungen sind, desto weniger ändert sich. Wenn wir amerikanische Verhältnisse haben im Schadensersatzrecht, dann wird es sich jedes Jugendamt überlegen schnell Kinder herauszunehmen oder Richter schnell zu unterschreiben.

Ein letztes Wort noch: Viele sagen immer, dass es kein Jugendamt braucht. Ich sehe das anders. Solange Eltern versagen, braucht es ein solches. Aber es braucht eben starre Regeln, die Familien schützen und Kinder zuhause behalten, so es geht. Leider verdient man daran kein Geld.

Die Reihe Ratgeber Familienrecht wird nach und nach in die Essener Schriftenreihe zum Kindschaftsrecht eingepflegt. Wir bitten um Geduld. Solange sie nicht eingepflegt sind, werden diese noch erwerbbar sein.

Ratgeber Familienrecht:
Band 1: Wichtige Entscheidungen im Sorgerecht

„Sorgerechtsverfahren, insbesondere Inobhutnahmen durch das Jugendamt sind die Materie, die Eltern am stärksten belasten: Der Kampf um das eigene Kind, gegen den Staat... Man fühlt sich hilflos und wird bisweilen unzureichend beraten. Anwälter und Richter reden eine Sprache, die man nicht versteht. In diesem Ratgeber lernen Sie das Wichtigste kurz und knapp in einfacher Sprache erläutert.Hier lernen Sie die häufigsten Fehler von gerichtlichen Entscheidungen kennen, die immer wieder gemacht werden, obwohl das Bundesverfassungsgericht und Obergerichte andere Ansprüche stellen. Dabei ist die verfassungsrechtliche Rechtsprechung überschaubar. Trotzdem ist sie unbekannt oder wird ignoriert.Dieses Buch zeigt wichtige Entscheidungen in Kernsätzen zur Abwehr vieler gerichtlichen Verfahren auf. Dazu zitiere ich die entsprechenden Sätze und erläutere diese.

Diese zweite Auflage ist erweitert um einen Teil, der Allgemeines zum Sorgerecht ausführt. Die Entscheidungen sind thematisch sortiert, so dass man leichter zu der Entscheidung findet, die man für das konkrete Problem benötigt."

2. Auflage 2019, als eBook oder Taschenbuch, 104 Seiten, ISBN-13: 978-1073452415, von Michael Langhans, herausgegeben von Wal Nuss Media

Band 2: Fehler in Gutachten erkennen

„Fehler in Familienpsychologischen Gutachten erkennen, vermeiden und richtigstellen: Was einfach klingt, beherrschen viele Anwälte und Richter nicht. So wird der Sachverständige zum Richter und Missbrauch wie in Bad Kreuznach erst möglich. Dieses Buch des erfahrenen Juristen Michael Langhans zeigt in einfacher Sprache häufige Fehler in Gutachten auf, wie man sie erkennt und was man tun muss, um diese richtigzustellen - möglichst bevor falsche Beschlüsse gefasst werden. In Fortsetzung der Reihe Ratgeber Familienrecht wird dieses zweite Buch da ansetzen, wo wichtige Entscheidungen im Sorgerecht aufhört."

1. Auflage 2019, als eBook oder Taschenbuch, 55 Seiten, ISBN-13: 978-1688757837, von Michael Langhans, herausgegeben von Wal Nuss Media

Band 3: Die legale Selbstrückführung

„Die Kinder sind seit Jahren im Heim und Amt und Gericht verweigern sich Gesprächen über Rückführung. Da ist man am Verzweifeln und sucht den einen Weg, alles zu forcieren. Dieses Buch beschreibt das Erfolgsmodell der legalen Selbstrückführung des ehemaligen Rechtsanwaltes und nunmehrigen Buchautors Michael Langhans, wie man Kinder aus widrigen Umständen gegen den Widerstand von Gericht und Behörde selbst zurück führt. Dieses Buch ist kein Patentrezept und es ersetzt nicht die einzelfallbezogene Beratung. Aber es zeigt unter bestimmten Voraussetzungen einen Weg auf, der die Kinder nach Hause bringen kann."

1. Auflage 2019, als eBook oder Taschenbuch, 47 Seiten, ISBN-13: 978-1695276314, von Michael Langhans, herausgegeben von Wal Nuss Media

Band 4: Mediation im Familienrecht
(vergriffen)

„Mediation im Familienrecht: Über Mediation hören wir viel und auch gibt es inzwischen auch viele Anbieter. Zwar weiss man ungefähr, dass das alles mit Konfliktschlichtung zu tun hat, aber dennoch fragt man sich, was ist das denn genau. Muss man für eine Mediation zum Schiedsmann? Zum Güterichter? Wer überhaupt macht so eine Mediation in Zusammenhang im Familienrecht? Der Richter selber, das Jugendamt? Wo findet man einen Mediator/In? Sind das Psychologen, die sogenannten Mediatoren? Erzählen die mir was? Wenn ja, warum? Reden die mit meinen Kindern? Muss ich eine Mediation mitmachen? Schreiben sich Mediatoren denn alles auf? Und überhaupt, was passiert mit mir dort? Und noch viele andere Fragen gehen einem durch den Kopf, wenn beispielsweise das Jugendamt eine Mediation den Eltern empfiehlt.

Euch die Mediation zu erläutern, soll die Aufgabe dieses kleinen Ratgebers sein, der die Reihe "Ratgeber Familienrecht" ergänzen und erweitern soll.
In erster Linie soll die Mediation erklärt werden und im zweiten Schritt Hilfe zur Selbsthilfe, Kommunikationsstrategien und verbale Verteidigungsmöglichkeiten ansprechen.

Selbstverständlich ergänzt dieses Büchlein nicht ein Kommunikationstraining, Einzelmediation oder aber auch die eigentliche Mediation bspw. mit Ihrem Partner/Ex Partner. Aber dennoch werden Sie am Ende dieses Buches viel über Ihre eigenen Bedürfnisse sowie unterschiedlichen Kommunikations-Ebene erfahren. Es ist die Quintessenz von 14 Berufsjahren als Mediatorin und Kommunikationscoach, unzähligen gehörten Streitgesprächen, unglaublich viele Trauergeschichten und Trennungen, die mich zutiefst berührt haben und Telefonaten mit Medianten, Jugendamtsmitarbeitern, von der Trennung oder Scheidung betroffene Kinder und Eltern sowie Großeltern.

„Mediation im Familienrecht: Über Mediation hören wir viel und auch gibt es inzwischen auch viele Anbieter. Zwar weiss man ungefähr, dass das alles mit Konfliktschlichtung zu tun hat, aber dennoch fragt man sich, was ist das denn genau. Muss man für eine Mediation zum Schiedsmann? Zum Güterichter? Wer überhaupt macht so eine Mediation in Zusammenhang im Familienrecht? Der Richter selber, das Jugendamt? Wo findet man einen Mediator/In? Sind das Psychologen, die sogenannten Mediatoren? Erzählen die mir was? Wenn ja, warum? Reden die mit meinen Kindern? Muss ich eine Mediation mitmachen? Schreiben sich Mediatoren denn alles auf? Und überhaupt, was passiert mit mir dort? Und noch viele andere Fragen gehen einem durch den Kopf, wenn beispielsweise das Jugendamt eine Mediation den Eltern empfiehlt.

Euch die Mediation zu erläutern, soll die Aufgabe dieses kleinen Ratgebers sein, der die Reihe "Ratgeber Familienrecht" ergänzen und erweitern soll.
In erster Linie soll die Mediation erklärt werden und im zweiten Schritt Hilfe zur Selbsthilfe, Kommunikationsstrategien und verbale Verteidigungsmöglichkeiten ansprechen.

Selbstverständlich ergänzt dieses Büchlein nicht ein Kommunikationstraining, Einzelmediation oder aber auch die eigentliche Mediation bspw. mit Ihrem Partner/Ex Partner. Aber dennoch werden Sie am Ende dieses Buches viel über Ihre eigenen Bedürfnisse sowie unterschiedlichen Kommunikations-Ebene erfahren. Es ist die Quintessenz von 14 Berufsjahren als Mediatorin und Kommunikationscoach, unzähligen gehörten Streitgesprächen, unglaublich viele Trauergeschichten und Trennungen, die mich zutiefst berührt haben und Telefonaten mit Medianten, Jugendamtsmitarbeitern, von der Trennung oder Scheidung betroffene Kinder und Eltern sowie Großeltern.

Ich hoffe, damit allen ein wenig helfen die Mediation näher bringen zu können und die Sprache des Friedens hinaus tragen zu dürfen, mit Euch und durch Euch. Vergesst aber nicht, dass dieses Buch niemals die kompetente Beratung ersetzen kann."

1. Auflage 2019 in Vorbereitung, als eBook oder Taschenbuch,, von Jennifer N. Kartal, herausgegeben von Wal Nuss Media

Amtshaftungsklage: Dieser Ratgeber Familienrecht erscheint in 2 Bänden (Band 5 und Band 6)

Und dann ist da die Amtshaftung. Sie ist die Antwort. Wenn der Staat merken wird, dass es billiger ist neue Richter einzustellen oder die eingestellten Richter fortzubilden, als Fehler hinzunehmen, weil Fehler zu tatsächlichen und finanziellen Konsequenzen führen, dann wird ein staatliches Umdenken erfolgen. Leider ist Geld immer noch die effektivste Methode, um Fehlverhalten zu verdeutlichen. Natürlich wird insbesondere Eltern nicht geholfen, wenn sie statt ihrem Kind Schadensersatz erhalten. Gleichzeitig werden sie dann aber auch in die finanzielle Lage versetzt, Rückführungsmechanismen zu erarbeiten und neue Verfahren bis zum Ende durchzustehen.

Amtshaftung ist also die Antwort. Und während dieser Antwort samt der Probleme auf der Straße liegt, wird wenig davon Gebrauch gemacht. Anwälte haben Angst davor, auch weitere Verfahren zu verlieren. Oftmals sind sie selbst nicht ausgebildet genug, die Probleme zu erkennen. Eltern haben oft nach jahrelangem Kampf keine Kraft mehr, mit dem Staat zu ringen, von finanziellen Mitteln ganz zu schweigen.

1. Auflage 2020, als eBook oder Taschenbuch, 55 Seiten, ISBN-13: 979-8608583810, von Michael Langhans, herausgegeben von Wal Nuss Media, 14,99 € oder 9,99 € als eBook.

1. Auflage 2020, als eBook oder Taschenbuch, 49 Seiten, ISBN-13: 979-8608782398, von Michael Langhans, herausgegeben von Wal Nuss Media, 14,99 € oder 9,99 € als eBook

Ratgeber Familienrecht 8: Robenlos: Erinnerungen eines ehemaligen Rechtsanwalts

„Hin und zurück und weg und wieder da:
Als Anwalt im Familienrecht freust du dich narrisch, wenn du ein Kind nach langem Kampf zurück bekommst. Das ist was Feines, sage ich euch.Wenn dir das Kunststück dann öfter gelingt, dann ist man gut dabei. Aber ein Kind mehrmals zurückholen, das hat man Gottseidank nicht alle Tage. Und deshalb freust du dich natürlich dreimal soviel(…)

Der schlechteste Anwalt im Landkreis:
(…) Ganz souverän war ich damals übrigens nicht. Beim Rausgehen fragte ich meine Mandantin, freilich so laut, dass es die Gegenseite hören musste, wie es sich wohl anfühlt gegen den Schlechtesten zu verlieren und wo man dann quasi in der Hierarchie selber stünde. Eine Antwort bekam ich damals nicht mehr (…)"

Dieses Buch erzählt meine ganz persönlichen Erinnerungen an 12 Jahre Arbeit als Rechtsanwalt, manchmal kraftvoll, manchmal traurig, aber immer persönliche, launige Einblicke in eine Welt, die manchen von uns Überheblich erscheint.

Erschienen als eBook, Taschenbuch oder Hardcover:
1. Auflage 2020, als eBook oder Taschenbuch, 154 Seiten, ISBN-13: ISBN-13: 979-8620085453, von Michael Langhans, herausgegeben von Wal Nuss Media, 9,99 € oder 7,99 € als eBook.

1. Auflage 2020, als eBook oder Taschenbuch, 156 Seiten, ISBN-13: 978-3750288287, von Michael Langhans, herausgegeben von Wal Nuss Media, 19,99 €..

www.ingramcontent.com/pod-product-compliance
Lightning Source LLC
Chambersburg PA
CBHW071833210526
45479CB00001B/124